楽典 音楽の基礎から和声へ

小鍛冶邦隆［監修・著］

大角欣矢＋照屋正樹＋林達也＋平川加恵［著］

監修者のことば

東京藝術大学音楽学部作曲科教授
小鍛冶邦隆

　本書は、東京藝術大学音楽学部および同附属音楽高等学校でのソルフェージュ、和声などの理論科目の授業や大学入学試験問題の水準に対応し、上記授業を担当する教員が共同執筆し、小鍛冶が全体の監修をおこなったものです。各章の執筆者名は目次および各章のタイトルページに記しました。
　「楽典」はほんらい、ソルフェージュや和声の学習にともなう音楽的知識や音楽用語を学ぶためのものであり、とうぜんながら演奏技術習得のうえでも必要なものです。
　パリ国立高等音楽・舞踊学校（パリ国立高等音楽院）は、ヨーロッパ最初の音楽教育機関として1795年に設立されましたが、同校では、ソルフェージュと和声の教本に次いで、同校教授で和声教本でも知られるA. サヴァールが1861年に出版した『音楽の原理（Principes de la Musique）』が、「楽典」（Theorie de la musique ＝音楽理論）を教えるものとして指定教科書となりました。
　このように、音楽教育があるていどの歴史性と水準に到達した時点ではじめて、本格的な楽典の教科書が書かれるともいえます。
　日本でも明治時代の音楽取調掛（とりしらべがかり）以降、戦前・戦後から現在にいたるまで、多くの楽典が出版されてきましたが、その嚆矢となったのは、1883年（明治16）に刊行されたユーシー（Jousse）著『音楽問答』、メーソン（Mason）著『音楽指南』、そしてカルコット（Callcot）著『楽典』という一連の翻訳書でした。それから136年の歳月を重ねたいま、本書『楽典──音楽の基礎から和声へ』の刊行は、東京藝術大学の現時点の教育水準と教育目標を設定するにとどまらず、日本におけるヨーロッパ音楽修得の重要

な段階を画するものといえるでしょう。

　本書は、初歩的な段階からの楽譜の読み方と理解に始まり（第1–4章）、第5章「音程」、第6章「音階・調性」では、歴史的視点の理解とともに、現代音楽の演奏にも必要な知識としての音程の厳密な把握やその作り方、そして音楽家にとって伝統的に必須の技術とされてきた、音部記号を利用した移調法を実践的に解説し（前記サヴァールの著作でも、副題でもある「移調の方法」に、かなりのページ数を割いています）、古典的調性と演奏とを結びつけて使いこなせるように構成されています。

　さらに第7章「和音」、第8章「非和声音、転調、調性分析」では、従来の楽典にくらべ、より実践的な和声の基礎知識を学びます。東京藝大音楽学部および同附属音楽高校で使用されている和声教科書である林達也（本書第7・8章を執筆）著『新しい和声』への導入的学習としての目的も重視されています。多くの音楽大学や音楽高校において、学生たちがしばしば困難に直面する和声授業への予備として、問題点を常時整理・解決することのできるように構成されています。またここでは、いかにも入試に対応するような「調判定」という考え方ではなく、演奏にも応用できる調構造＝音楽形式の理解のために「調性分析」も重視されています。

　第9章「演奏記号」は、歴史的な観点から楽語の理解がはかられ、たんなる知識（用語集）でなく、「音楽」を歴史的・様式的に理解する意図を反映したものとなっています。

　東京藝術大学音楽学部作曲科における理論関係の授業やソルフェージュ教育の基準となるべく編纂された本書を、ぜひ多くの音楽大学、音楽高校で利用していただきたいと思います。

目次

監修者のことば（小鍛治邦隆）……001

第1章　五線と加線 (執筆：平川加恵)……010

五線と加線……010
音部記号……010
音部記号のあらわす音高……011
声部記号と譜表……011
　大譜表と総譜（スコア）……012

第2章　音名と変化記号 (執筆：平川加恵)……017

幹音……017
オクターヴ……017
音名と音域……018
変化記号……019
異名同音……020
調号……021
　調号の書き方……021
　調号の効力……022
臨時記号……023
　臨時記号の効力……023
　同じ小節内で同じ幹音に異なる臨時記号が2回つけられる場合……025
　注意喚起のための指示……025

第3章　音符と休符 （執筆：照屋正樹） ... 026

音符の各部分の名称 ... 026
音符の表記上の諸注意 ... 026
音符の種類と名称 ... 027
付点音符 ... 030
複付点音符 ... 031
フェルマータ ... 031
休符 ... 032
連符 ... 034
 3連符 ... 034
 2連符 ... 035
 4連符 ... 035
 5連符・7連符 ... 035
 6連符 ... 036
タイとスラー ... 037

第4章　縦線と小節、拍と拍子 （執筆：照屋正樹） ... 038

反復にかんする記号、指示語 ... 038
拍と拍子 ... 040
拍子記号 ... 040
 C と ¢ ... 040
強起と弱起 ... 042
拍子の種類 ... 042
 単純拍子 ... 042
 複合拍子 ... 043
 混合拍子 ... 044
 1拍子 ... 046
 小音符 ... 046
 ヘミオラ ... 046
拍子の変更 ... 047

拍子とテンポ……………………………………………………048
シンコペーション………………………………………………049
拍や拍子がわかりやすいリズム表記…………………………050
例外的なリズム表記……………………………………………050

第5章　音程（執筆：小鍛治邦隆）……………………052

音程………………………………………………………………052
　音程の数え方…………………………………………………052
　単音程と複音程………………………………………………053
　転回音程………………………………………………………053
音程の算出のしかた……………………………………………053
　臨時記号を含む音程（半音階的音程）……………………056
協和音程と不協和音程…………………………………………060

第6章　音階・調（執筆：小鍛治邦隆）………………061

音階………………………………………………………………061
　長音階…………………………………………………………062
　短音階…………………………………………………………063
調…………………………………………………………………064
　移調……………………………………………………………064
　調号……………………………………………………………065
　近親調…………………………………………………………065
　五度圏…………………………………………………………067
　転調と移調……………………………………………………068
　移調の方法……………………………………………………068
　音部記号をもちいた（入れ替えた）移調法………………070
　その他の音階…………………………………………………073
　教会旋法………………………………………………………075

第7章　和音 (執筆：林 達也) ……077

- 自然倍音と和音 ……077
- 和音の表示法 ……077
  - 和音度数による表示法（三和音）……078
- 和音の機能 ……079
- 通奏低音（数字）による表示 ……079
- 三和音、四和音、五和音 ……080
- 三和音 ……080
  - 長三和音 ……080
  - 短三和音 ……082
  - 増三和音 ……083
  - 減三和音 ……084
- 減三和音の和音数字について ……085
  - 属和音（Ⅶ度和音）としての減三和音（主和音に解決する場合）……085
  - Ⅱ度和音としての減三和音（短調において属和音へ進行する場合）……086
- 四和音（7の和音）……087
  - 長7和音 ……087
  - 短7和音 ……087
  - 属7和音 ……089
  - 減5短7和音 ……090
  - 減7和音 ……092
- 五和音（9の和音）……093
  - 属長9和音 ……093
  - 属短9和音 ……094
- その他の四和音（7の和音）……094
  - 増5長7和音 ……094
  - 短3長7和音 ……095
  - 変化和音 ……095
- カデンツ（終止形）……098
  - 半終止 ……098
  - 全終止 ……099

変格終止（またはプラガル終止） ·· 100
偽終止 ·· 101
中断終止 ·· 102
その他の終止形 ··· 103

第8章　非和声音、転調、調性分析 (執筆：林 達也) ············ 105

非和声音（和音外音） ··· 105
　経過音 ·· 105
　刺繍音 ·· 105
　掛留音 ·· 106
　倚音（アポッジャトゥーラ） ·· 108
　逸音 ·· 109
　先取音 ·· 109
　非和声音が複合的に生じる場合 ·· 110
　半音階的経過音 ··· 110
　経過的倚音 ·· 111
転調 ·· 111
　転調について ·· 111
調性分析 ··· 115
調性分析の方法 ··· 117
　調性分析の要点 ··· 117

第9章　演奏記号 (執筆：大角欣矢) ··· 121

速度記号 ··· 123
　遅めのテンポ ·· 125
　中程度のテンポ ··· 127
　速めのテンポ ·· 129
速度標語にたいしてよく使われる付加語・接尾辞 ······················· 131
　付加語 ·· 131
　接尾辞 ·· 132

速度標語に転用された発想標語 ··· 133
速度標語と発想標語の組み合わせ ····································· 134
特殊なテンポ表示 ··· 135
   Tempo giusto ··· 135
   楽曲のタイプ名によるテンポ表示 ································· 136
   自由なテンポの表示 ·· 137
   テンポを2倍にする場合 ··· 138
   途中で別のテンポに移ったあとで、もとのテンポに戻る表示 ········ 138
   前のテンポを引き続き維持する場合 ······························ 138
速度の局所的な変化 ·· 138
Tempo I と *a tempo* の違い ·· 139
よくもちいられる独仏語による速度標語 ····························· 140
強弱記号 ·· 141
   強弱をあらわす基本的な記号 ······································· 143
   強さの変化 ·· 143
発想標語 ·· 146
アーティキュレーション記号 ··· 150
   音を滑らかにつなげる（レガート）····························· 150
   一音一音を切り離して演奏する（スタッカート）········ 151
   一音一音をやや切りぎみに奏する（ノン・レガート）· 153
一般的な奏法上の指示 ··· 154
   アルペッジョ（arpeggio）··· 154
   グリッサンド（glissando）、ポルタメント（portamento）、スライド（slide）···· 157
   トレモロ（tremolo, trem.）·· 158
   弱音器の使用 ·· 158
   attacca：間を置かず、すぐ次へ続けて ······················· 158
   フェルマータ（fermata）·· 159
おもな楽器特有の奏法表示 ·· 162
   ピアノ ··· 162
   ヴァイオリン属 ·· 162
   管楽器 ··· 165
   打楽器 ··· 165

声楽 ··· 165
合奏における奏法上の指示 ··································· 166
略記法 ·· 166
　　同音反復 ·· 166
　　同一音型の反復 ·· 167
　　simile（*sim.*） ··· 168
　　sempre ·· 168
　　オクターヴ高く、または低く ······················· 169
　　オクターヴの重複 ·· 170
装飾音・装飾記号 ··· 170
　　前打音と後打音 ·· 171
　　トリルとターン ·· 175

あとがき（照屋正樹） ·· 180

付録　演奏用語一覧（執筆：大角欣矢） ················ 183
索　引 ·· 203

第 1 章　五線と加線

執筆：平川加恵

五線と加線

音の高さ（音高）は 5 本の線を使ってあらわす。これを五線という。
この音域を下に超える場合は下方に、上に超える場合は上方に線を書き足してあらわす。この線を加線という。また、線と線に挟まれた部分を間という。

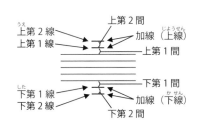

音部記号

音の高さの基準は、五線中に示される音部記号によって決められる。
音部記号の種類は以下のものがある。

ト音記号：ト音の位置を示す

ヘ音記号：ヘ音の位置を示す

左はバス記号ともよばれ、2 つの点に挟まれた第 4 線がヘ音となる。2 つの点が第 3 線を挟むように配置されるものをバリトン記号とよび、第 3 線がヘ音となる。

ハ音記号：ハ音の位置を示す

記号の凹部分の中心がハ音となり、中心が第1線のものをソプラノ記号、第2線のものをメゾソプラノ記号、第3線のものをアルト記号（左記）、第4線のものをテノール記号とよぶ。

音部記号のあらわす音高

以下はすべて同一の音高（1点ハ音）を示している。

声部記号と譜表

五線の冒頭に音部記号が記されたものを譜表という。

特定の声域をより少ない加線で記すことができるよう使い分け、ト音記号によるものを高音部譜表あるいはト音譜表、ヘ音記号によるものをバス譜表あるいは低音部譜表、アルト記号によるものをアルト譜表などといいあらわされる。

●──大譜表と総譜（スコア）

楽器の音域が広い場合や、楽曲の楽器編成により複数の楽器のための楽譜をいちどに表示する必要があるときは、いくつかの譜表を組み合わせて示す。おもな種類を以下に掲げる。

大譜表：おもに鍵盤楽器、ハープ

今日では、ほとんどの大譜表がト音記号とヘ音記号の組み合わせである[1]。

総譜（スコア）：合唱、室内楽、管弦楽、吹奏楽など、複数の種類の楽器やパート（声部）からなる編成

五線冒頭の左側に楽器名が記される。

---

[1]──たとえばJ. S. バッハの鍵盤音楽など、歴史的な音楽作品では、右手はソプラノ記号、左手は音域によりバス記号からアルト記号まで使用される場合がある。

合唱の総譜

J. S. バッハ:《キリストは死の縄目につながれたり》BWV4

[2] ── このように、音部記号の下部または上部に「8」の数字を付した高音部譜表がもちいられることがある。これはその声種の声域あるいは楽器の音域として、じっさいには1オクターヴ下または上の音が奏されることを示している。上の譜例の場合は、テノールの声域により1オクターヴ下の音で演奏されることになる。

楽器名や声種名のみを示すことで音域の判断がつく場合は、「8」の表記は省略されることが多い。なお、この曲はほんらいソプラノ、アルト、テノール記号で記譜されている。

弦楽四重奏の総譜

W. A. モーツァルト：弦楽四重奏曲第14番 ト長調 K387 第1楽章

管弦楽の総譜

L. v. ベートーヴェン：交響曲第1番 ハ長調 作品21 第1楽章

第 2 章　音名と変化記号　　執筆：平川加恵

　音楽を構成する音にはそれぞれ固有の名称がついている。どの音域でも、同じ音であればそれぞれについた音名は変わることはない。[1]

幹音

　記譜の基本となる、いっさいの変化を加えられない音を幹音という。
　幹音の種類（7 種）と、それらの名称は次のとおりである。

独	C	D	E	F	G	A	H
日	ハ	ニ	ホ	ヘ	ト	イ	ロ
伊	Do	Re	Mi	Fa	Sol	La	Si
仏	Do	Ré	Mi	Fa	Sol	La	Si

オクターヴ

　ある音から幹音を順次上行あるいは下行してふたたび現れる、高さの違う同音との関係を（1）オクターヴという。この 7 つの幹音のまとまりがいくつ入るかにより、2 オクターヴ、3 オクターヴなどという。

---

[1] ── どんな調においても、これらの名称は変わらないが、歌唱の方法には固定ド唱法と移動ド唱法がある。
　　固定ド唱法は、調にかかわらず、その音につけられた固有の名称によって歌われるものである。この名称を音名とよぶ。
　　移動ド唱法は、調の主音を、長調か短調かにおうじてドあるいはラと設定して歌われるものである。その主音からド・レ・ミ・ファ・ソ……（あるいはラ・シ・ド・レ・ミ……）と読んだ場合の名称を階名とよぶ。

音名と音域

次の表は、各音の音名に加え、その音がどの音域の音であるかを、ピアノの音域の範囲で一覧にしたものである。この表のように、音名にオクターヴごとに数字や点を付すことにより、音域を区別する。

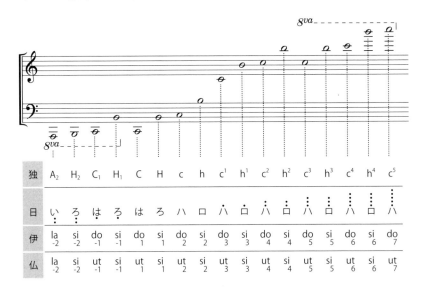

日本語の音名の書き方

い̤＝下2点ひらがな「イ」

ハ゜＝上5点カタカナ「ハ」

変化記号

　幹音の音高を上または下に変化させるために、音符の左側につける記号のことを変化記号という。
　変化記号には以下の種類がある。

　♯（嬰記号、シャープ）……音を半音高くする
　♭（変記号、フラット）……音を半音低くする
　𝄪（重嬰記号、ダブルシャープ）……音を半音2つぶん高くする
　♭♭（重変記号、ダブルフラット）……音を半音2つぶん低くする
　♮（本位記号、ナチュラル）……変化記号によって変化された音をもとの幹音にもどす

　変化記号によって幹音が上下に半音階的に変化した音のことを変化音（派生音）という。
　幹音にそれぞれ変化記号がつけられると、音名は下記のようになる。以下、一般的にもちいられるドイツ語と日本語の音名を示す。

シャープ（♯）によって音が半音高くなったもの

フラット（♭）によって音が半音低くなったもの

ダブルシャープ（×）により音が半音2つぶん高くなったもの

ダブルフラット（♭♭）により音が半音2つぶん低くなったもの

異名同音

異名同音とは、記譜の違いにより音名は異なるが、鍵盤上は音高が同一となる音どうしのことをいう。

調号

　ある調を構成するひとつまたは複数の音につねに変化記号がつけられる場合、その変化記号をまとめて示したものを調号という。
　調号にもちいられる記号は、♯、♭の2種のみである。

●——調号の書き方

　調号は楽曲の五線冒頭の音部記号の右隣に書かれる。

　調号は段が変わっても省略しない。

省略しない

　総譜においても、それぞれのパート（声部）にたいして調号を記す。

L. v. ベートーヴェン：弦楽四重奏曲第1番 ヘ長調 作品18-1 第1楽章

●——調号の効力

同じ調号がつけられた段が続くかぎり、どの音域であるかにかかわらず、またオクターヴ記号（*8va*）の有無にかかわらず、その調号は、同じ音名をもつすべての音にたいして有効である。

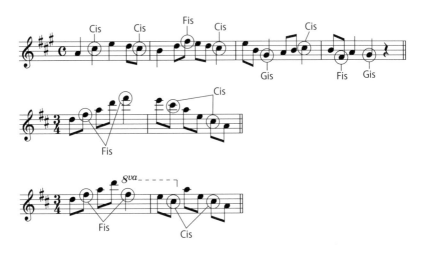

段の途中で音部記号が変更されても、調号は同名の音にたいして、音域によらず有効である。

臨時記号

調号に含まれない音に一時的につけられる変化記号を臨時記号という。

調号によってはじめから変化している音に一時的につけられる ♮ も臨時記号である。

● ── 臨時記号の効力

同じ五線内の同じ小節のなかの同名の音にたいしては有効である。

同名の音であっても異なる五線内の音には効力はない。

小節を越えても、先行する小節でつけられた臨時記号は、その音が次の小節の音にタイで結ばれているときは有効である。
　その場合、タイがいちどでも途切れれば、効力はなくなる（必要な場合はあらたに臨時記号をつける）。

　タイによって結ばれた音が異名同音だった場合には、あらたに臨時記号をつける。

　同じ五線の同じ小節内であれば、音部記号が変更された前後でも、同じオクターヴ内の同名音には有効である。

● ──同じ小節内で同じ幹音に異なる臨時記号が 2 回つけられる場合

Fisis
幹音 F に対して × がつけられる
（Fis から半音 2 つ上げるのではない）

Cis － E － A － Fis － <u>Fisis</u> － Gis となる

Eis

Es － F － G － <u>Eis</u> － Fis となる

● ──注意喚起のための指示

記譜の規則上は必要ないものではあるが、譜面を読む者に注意喚起の意味で、臨時記号を付すことも多くおこなわれる。

臨時記号は前の小節にあるので♮がなくても C であるが、
注意喚起のために♮を記す

前の音につけられた♯は、タイで結ばれた音にも有効であるが、注意喚起のために♯をつけなおす。その場合、次の 2 分音符にも♯が有効であるので、幹音にもどす場合は♮をつける

1 オクターヴ離れているので♭は無効だが
注意喚起のため♭をつける

第 2 章　音名と変化記号

第 3 章　音符と休符

執筆：照屋正樹

　音符は、その形状により音の長さを、譜表上の位置により音の高さをあらわす。

音符の各部分の名称

音符の表記上の諸注意

　「ぼう（符尾）」は「たま（符頭）」の右端から上方へ、または左端から下方へのばす。
　一般に、「たま」が第3線より上にあるとき、「ぼう」はその下方へ、「たま」が第3線より下にあるとき、その上方へ書かれる。「たま」が第3線上にあるときは原則的に下につけられる。「はた（符鉤）」は「ぼう」の向きに関係なく、つねにその右側につけられる。

見やすさを優先するため、括弧内のように第3線上の符尾を上に書く場合もある。

8分音符以下の「はた」は、いくつかまとめて横線に置き換えることができる。これを連鈎（連桁）という。

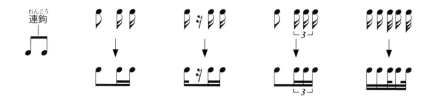

近代以降の音楽では小節線や譜表をまたいだ例もみられる。

S. プロコフィエフ：《つかの間の幻影》作品22 第18曲

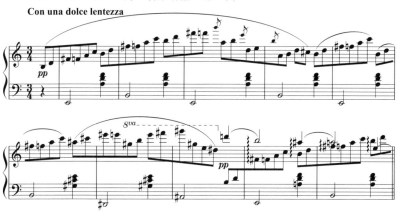

音符の種類と名称

全音符を1としたとき、2分音符、4分音符、8分音符……とそれぞれ2分の1ずつの長さとなっており、全音符1つは2分音符2つぶん、4分音符4つぶん、8分音符8つぶん……となる。

また、4分音符を基準にすると、4分音符1つの長さは8分音符2つぶん、16分音符4つぶん……と等しい。

♩ = ♪ + ♪ = ♬ + ♬ + ♬ + ♬ = ♬ + ♬ + ♬ + ♬ + ♬ + ♬ + ♬ + ♬ ……

なお、音の長さのことを音価という。

形状	名　称	全音符を1とした長さの比	4分音符を1とした長さの比
𝅝	全音符	1	4
𝅗𝅥	2分音符	$\frac{1}{2}$	2
♩	4分音符	$\frac{1}{4}$	1
♪	8分音符	$\frac{1}{8}$	$\frac{1}{2}$
♬	16分音符	$\frac{1}{16}$	$\frac{1}{4}$
𝅘𝅥𝅰	32分音符	$\frac{1}{32}$	$\frac{1}{8}$
𝅘𝅥𝅱	64分音符	$\frac{1}{64}$	$\frac{1}{16}$

64分音符の半分の音価の128分音符、さらにその半分の256分音符なども、理論的には可能であるが用例は少ない（次の128分音符の用例を参照）。

L. v. ベートーヴェン：ピアノ協奏曲第 3 番 ハ短調 作品37 第 2 楽章

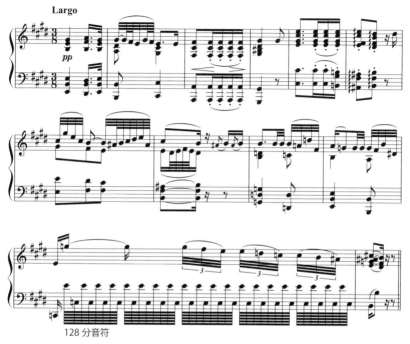

128 分音符

なお、全音符の 2 つぶんの長さをもつ音符として、倍全音符（二全音符ともいう）も存在する。

𝄺 = o + o

付点音符

音符の「たま」の右側に点を付したものを付点音符といい、もとの音符の2分の1の長さを足した長さとなる。すなわちもとの音符の長さの1.5倍となる。

形状	名　称	長さ
𝅝·	付点全音符	𝅝 + ♩
𝅗𝅥·	付点2分音符	𝅗𝅥 + ♩
♩·	付点4分音符	♩ + ♪
♪·	付点8分音符	♪ + ♫
♬·	付点16分音符	♬ + ♬
♬·	付点32分音符	♬ + ♬
♬·	付点64分音符	♬ + ♬

付点は「たま」の真横に付すのが原則だが (a)、「たま」が線上にある場合は、その線に点が重なることを避けて、1音上の間（かん）につけるのを原則とする (b)。和音の場合など例外的に1音下の間につけることもある (c の第1線と第2線の音に付された付点)。

複付点音符

音符の「たま」の右側に点を2つ付したものを複付点音符といい、もとの音符の2分の1の長さと4分の1の長さを足した長さとなる。言い換えると、もとの音符にその4分の3の長さを加えたものとなる。

B. バルトーク：《子供のために 第3巻》第11曲

フェルマータ

🝈（フェルマータ、立ち止まる）は、拍子の運動を停止する意味合いをもつ（p.159以降を参照）。

休符

上記の各音符に相当する長さの休みをあらわす記号を休符という。

形状	名称	同じ長さの音符	4分休符を1とした場合の長さの比
▬	倍全休符	𝅜	8
▬	全休符	𝅝	4
▬	2分休符	𝅗𝅥	2
𝄽	4分休符	♩	1
𝄾	8分休符	♪	$\frac{1}{2}$
𝄿	16分休符	𝅘𝅥𝅯	$\frac{1}{4}$
𝅀	32分休符	𝅘𝅥𝅰	$\frac{1}{8}$

形状	名称	同じ長さの音符	4分休符を1とした場合の長さの比
▬.	付点全休符	𝅝.	6
▬.	付点2分休符	𝅗𝅥.	3
𝄽.	付点4分休符	♩.	$1\frac{1}{2}$
𝄾.	付点8分休符	♪.	$\frac{3}{4}$
𝄿.	付点16分休符	𝅘𝅥𝅯.	$\frac{3}{8}$

形状	名　称	同じ長さの音符	4分休符を1とした場合の長さの比
▬‥	複付点全休符	𝅝‥	7
▬‥	複付点2分休符	𝅗𝅥‥	$3\frac{1}{2}$
𝄽‥	複付点4分休符	♩‥	$1\frac{3}{4}$
𝄾‥	複付点8分休符	♪‥	$\frac{7}{8}$

全休符は一般に第4線の下に、2分休符は一般に第3線の上に書かれる。全休符は、拍子が何かにかかわらず、1小節間を通しての休符としてももちいられる。

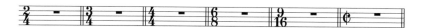

2小節、3小節、4小節間を通して休みのときは、拍子が何かにかかわらず、それぞれ次のようにあらわすことがある。

パート譜（管弦楽や室内楽の各楽器別の楽譜）においては、何小節にもわたる休みを小節数で示すことも多い。

管弦楽などで全員が休止することをゲネラルパウゼ（Generalpause）とよび、全休符上に「G.P.」と記して示すことがある。

連符

　基本となる音符(付点のない音符)はふつう2、4、8、16などで等分できるが、これを3等分、5等分、7等分など例外的な分け方をした音符を連符という。
　また付点音符は3、6、12、24などで等分できるが、これを2等分、4等分、5等分など例外的な分け方をした音符も連符という。
　このような特別な分け方に決まりはないが、もっとも多くみられるのは3連符である。

◉──3連符

　4分音符を3等分した3連符は、次のように3つの8分音符の上または下に括弧とともに「3」を記す(a)。括弧は略されることもあるが、休符を含んだり(b・c)、さまざまなリズム形態をとる場合(d)は、括弧があるほうが認識しやすい。

　4分音符以外の付点のない音符も、2等分した長さの音符による3連符をつくることができる。

◉──2 連符

2 連符とは、3 等分されるべき付点音符を 2 等分した音符である。もとの付点音符から付点をとった音符 2 つに「2」という数字を付して表記する。

◉──4 連符

4 連符とは、3 等分されるべき付点音符を 4 等分した音符である。もとの付点音符を 3 等分した長さの音符 4 つに「4」という数字を付して表記する。

なお、上記の 2 連符と 4 連符は、連符によらず下記のように表記することも可能である。

◉──5 連符・7 連符

5 連符や 7 連符とは、2 等分、4 等分されるべき付点のない音符、または 3 等分、6 等分されるべき付点音符を、5 等分、7 等分した音符である。

連符は基本音価の 2 倍を超えないことを原則とする。たとえば、4 分音符ぶんの連鉤が 2 本（ほんらい16分音符×4）の連符は 5–7 連符である（a）。

連鉤2本でつながれた8つの音符は2分音符ぶんになる（b）。4分音符ぶんの長さを8等分した音符は32分音符であり、連鉤は3本である（c）。

●──6連符

6連符は、2つの3連符をつなげたものである。

上記は8分音符2つをそれぞれ3分割してつくられた6連符であるが、次の例は3連符のそれぞれの音符を2分割してつくられた6連符である。

この他、8連符、9連符、10連符、あるいはそれ以上の連符がもちいられることもあり、こうした場合、基本音価にたいして連符の数が、これまでの例のように正確でないこともある。

F.ショパン：夜想曲第1番 変ロ短調 作品9-1

タイとスラー

　同じ高さの2つ以上の音符をつなぐようにつけられた弧線をタイとよぶ。譜例aはbのように切れ目なく演奏する。
　cのように高さの異なる音を結ぶ弧線をスラーとよび、音をつなげて（切らずに）演奏する（p.151を参照）。

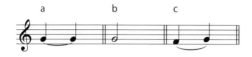

　タイは、小節線をまたいでもちいられることもある。そのさいの臨時記号との関係についてはp.024を参照。

第 4 章　縦線と小節、拍と拍子

執筆：照屋正樹

　拍子を明確にするために譜表上に縦に引かれた線を縦線という。また、縦線によって分けられた各小部分を小節といい、各小節の長さは、途中で拍子記号が変わらないかぎり同じである。
　同じく、譜表上に縦に引かれた 2 本の線を複縦線といい、楽曲の段落を表示したり、調号・拍子・速度が変化する区切り目をあらわすときにもちいる。
　複縦線のうち、とくに右側の線が太いものを終止線とよび、楽曲の終止を示すときにもちいる。

譜表が 1 段の場合、左端の縦線は省略される。

反復にかんする記号、指示語

1. 反復記号（𝄆　　𝄇）に挟まれた小節間を繰り返す。楽曲の冒頭の場合、最初の記号を省略することがある（譜例 a・b）。
2. **Da Capo**（ダ・カーポ。**D.C.** と略記されることがある）：「頭へ」の意味で、冒頭に戻る指示。**Fine** で終わる（譜例 c）。
3. **Dal Segno**（ダル・セーニョ。**D.S.** と略記されることがある）：「記号のところまで」の意味で、記号（𝄋）のある小節に戻る指示。**Fine**（フィーネ）で終わる（譜例 d）。
4. 1 番かっこ（prima volta プリマ・ヴォルタ）、2 番かっこ（seconda volta セコンダ・ヴォルタ）などをもちいる場合がある（譜例 e）。

5. ⊕：**D.C.** または **D.S.** により反復後、この記号から次の同じ記号までのあいだを飛ばす。なおこの場合、コーダへ飛ぶことが多いため、記号の代わりに **Coda** と記す場合がある（譜例 f）。
6. *bis*（ビス）：2 回という意味で、その部分を繰り返す。1、2 小節内など短い反復にもちいられる（譜例 g）。
7. **D.C.** や **D.S.** によって反復したあと、戻ったフレーズ内に反復記号がある場合は繰り返しをしない習慣がある（譜例 h）。

拍と拍子

　拍とは、時間の流れのなかで、等間隔で継起する周期的な運動である。
　ある音と他の音が、長短、高低、強弱、音色や音質の差などにより差別化されると、特定の音にアクセントが生じる。アクセントをもつ音が複数回、規則的にあらわれるとき、それらのあいだに拍がいくつ感じられるかによって拍子が決定する。
　規則的なアクセントのある拍を強拍、それ以外の拍を弱拍という。

拍子記号

　拍子記号とは、拍となる音符の種類をあらわす数字を分母とし、1小節に入る拍の数を分子として、分数と同じ方法で示したものである。「◯分の◯拍子」など、分数に準じた読み方をする。
　拍をあらわす（分母となる）音符は4分音符、8分音符、2分音符をもちいることが多い。

　拍子記号は楽曲のはじめの音部記号と調号の次に置かれる。

⦿──𝄴 と 𝄵

　現在、𝄴 は4分の4拍子、𝄵 は2分の2拍子の代わりにもちいられているが、これが定着するのは18世紀頃である。[1]

---

[1]──14世紀頃には、倍全音符（ブレヴィス brevis とよばれていた）を3等分することを円（O）で、2等分することを半円（C）であらわしていた。15–16世紀になると、OやCに縦線を入れることで（𝄶、𝄵）、同じ音符を半分に短縮して（倍の速さで）演奏すべきことが指示されるようになった。
　当時は手の上下動で音楽の拍節を律しており、手を下げる拍（下拍）と上げる拍（上拍）を足し合わせた長さが楽曲の時間的な計測単位とされていた。Cをもつ楽曲の場合、その計測単位の長さは全音符であった（＝下拍：2分音符＋上拍：2分音符）。これに対し𝄵をもつ楽曲の場合、その長さは倍となり、すなわち倍全音符（ブレヴィス）であった（＝下拍：全音符＋上拍：全音符）。このため、この表記法は「アッラ・ブレーヴェ（alla breve）」（ブレヴィスで＝ブレヴィスを計測単位として）とよばれるようになった（「ブレーヴェ

L. v. ベートーヴェン：ピアノ・ソナタ第26番 変ホ長調《告別》作品81a 第1楽章

breve」は、ラテン語「ブレヴィス brevis」のイタリア語形）。

　17世紀になると、標準的な計測単位は半分の2分音符（＝下拍：4分音符＋上拍：4分音符）となり、それにともない、𝄵での計測単位は全音符（＝下拍：2分音符＋上拍：2分音符）となった。しかし、それでもこの後者の場合を「アッラ・ブレーヴェ（倍全音符で）」とよぶ習慣は残った。やがて𝄴の代わりにアルファベットの C が、「アッラ・ブレーヴェ」の記号としては 𝄵 が使われるようになった。

　このような経緯をへて、𝄴 は現在でいう4分の4拍子、𝄵 は2分の2拍子をあらわすようになった。

　なお、18世紀頃までは、とくに古様式（スティレ・アンティコ stile antico。バロック以前の対位法書法のこと）による音楽を記譜するさいなどに、𝄵 をもちいつつ、1小節に2分音符を4つ入れる表記法ももちいられた。すなわち、この場合には、この記号によって現在でいう2分の4拍子が示されている。

J. S. バッハ：《平均律クラヴィーア曲集 第2巻》第9番 ホ長調 BWV878〈フーガ〉

　この種の「大きな」アッラ・ブレーヴェを表記する方法としては、𝄵 を2つ連ねた 𝄵𝄵 ももちいられた。2分の4拍子をあらわすこのようなアッラ・ブレーヴェは、19世紀以降ほとんどもちいられなくなるが、それでも19世紀初め頃にはなお次のような用例がみられる。

F. シューベルト：《即興曲》変ト長調　作品90-3

［この注、文責：大角］

強起と弱起

　楽曲が1拍めから開始することを強起、1拍め以外から開始することを弱起という。また弱起をアウフタクト（独：Auftakt）ともいう。アウフタクトは弱拍の意味もあるが、わが国では弱起のことをさすことが多い。

　弱起の小節は1小節に満たないので不完全小節とよばれ、楽曲の小節数にカウントしない。また、それに対して、通常の小節は完全小節とよばれる。

　弱起で開始した楽曲の最後の小節は、曲頭の弱起の音価のぶんだけ短くなり、冒頭の不完全小節と最後の不完全小節を足すと1小節ぶんの長さとなるのが原則である。

W. A. モーツァルト：ピアノ・ソナタ第16番 ハ長調 K545 第3楽章

拍子の種類

●──単純拍子

　各拍が2分割される2拍子、3拍子、4拍子を単純拍子という。下の譜例の各拍の下に記された●を強拍、○を弱拍とする。

2拍子
強拍と弱拍が交互に現れる。

F. ショパン：練習曲 作品10-3 ホ長調〈別れの曲〉

3拍子

3拍ごとに強拍が現れる。

F. ショパン：《24の前奏曲》作品28 第7番 イ長調

4拍子

4拍ごとに強拍が現れる。

A. ドヴォルジャーク：交響曲第9番 ホ短調 作品95《新世界より》第2楽章

なお、4拍子においては3拍目も、心理的に2・4拍目より強く感じられ、強拍に準ずる拍と位置づけることができる。12拍子もこれに準ずる。

◉──複合拍子

各拍が3分割される2拍子、3拍子、4拍子を複合拍子といい、それぞれ6拍子、9拍子、12拍子とよぶ。

6拍子

J. S. バッハ：《平均律クラヴィーア曲集 第2巻》第18番 嬰ト短調 BWV887〈フーガ〉

9拍子

C. フランク：ヴァイオリン・ソナタ イ長調 第1楽章

12拍子

J. S. バッハ：《イギリス組曲》第4番 ヘ長調 BWV809〈ジーグ〉

◉──混合拍子

異なる単純拍子が2つ以上組み合わされた拍子を混合拍子とよぶ。

5拍子

2拍子と3拍子が組み合わされたもの。2拍子＋3拍子と3拍子＋2拍子の2種類が基本となる。下の譜例は3拍子＋2拍子で始まり、9小節めから2拍子＋3拍子となる例である。

B. バルトーク：《ミクロコスモス》第115番

7拍子

3拍子と4拍子が組み合わされたものと、2つの2拍子と3拍子が組みあわされたものがある。

B. バルトーク：《ミクロコスモス》第113番

8拍子

2つの3拍子と2拍子1つの組み合わせである。ここでは2例を示す。

B. バルトーク：《ミクロコスモス》第151番

B. バルトーク：《ミクロコスモス》第153番

9拍子

複合拍子ではない9拍子。2例を挙げる。

B. バルトーク：《ミクロコスモス》第148番 4–8小節

B. バルトーク：《ミクロコスモス》第152番 7–10小節

◉──1拍子

強拍1つのみの拍子（例：$\frac{1}{4}$）。楽曲が1拍子のみで形成されることはないが、フレーズの途中で拍を強調したり、フレーズを整えたりするために使われる。

B. バルトーク：ピアノ・ソナタ 第3楽章

◉──小音符

装飾やカデンツァなど拍子にとらわれない音符は小音符で書かれる。

G. ヴェルディ：オペラ《リゴレット》より〈慕わしい人の名は〉

◉──ヘミオラ

下の譜例のように3拍子2小節ぶんのなかに2拍子3小節ぶんが閉じ込められていることがある。これをヘミオラ（ギリシャ語で1と2分の1の意）という。

J. S. バッハ：《平均律クラヴィーア曲集 第2巻》第17番 変イ長調 BWV886〈前奏曲〉

拍子の変更

楽曲の途中で拍子を変更する場合は、その小節の前を複縦線にし、新しい拍子記号を書く。また、それが段の変わり目の場合は、前の段の末尾に複縦線と拍子記号を記して予告する（変拍子とよばれることがある）。

M. ムソルグスキー：《展覧会の絵》第1曲〈プロムナード〉

近年では、拍子の変更がひんぱんな場合は、複縦線をもちいなかったり、前段末尾での予告を省略する場合もある。

B. バルトーク：《管弦楽のための協奏曲》第4楽章

2種類の拍子がひんぱんに変わる場合、はじめに2種類の拍子記号を並記する場合がある。

J. ブラームス：ピアノ三重奏曲第3番 ハ短調 作品101 第3楽章

拍子とテンポ

変更された拍子とテンポの関係は次のような方法によって示される。

同じ音符の音価が変わらない場合

前項「拍子の変更」の譜例(《展覧会の絵》)のように特別な指示がない場合、4分音符の長さは同じである。

1拍の長さが変わらない場合（L'istesso tempo リステッソ・テンポ＝同じ速さで）

J.ブラームス：交響曲第2番 ニ長調 作品73 第2楽章

L'istesso tempo（リステッソ・テンポ。同じ速さで）の代わりに、♩.＝♩（いままでの4分の4拍子における4分音符は、いまからの8分の12拍子の付点4分音符と同じ長さである）と表示しても同じ意味となる。

1拍の長さを2分の1にする場合（Doppio movimento ドッピオ・モヴィメント＝2倍の速さで）

F.ショパン：ピアノ・ソナタ第2番 変ロ短調 作品35 第1楽章

シンコペーション

　拍節上のほんらいの強拍と弱拍の位置関係をなんらかの要因によってずらし、リズムに緊張感があたえられている状態をいう。
　次のような場合に生じる。
　a. 強拍部を休止にして，弱拍部のみ残された場合。
　b. 同音高の弱拍部と強拍部、またはそれに準ずる拍（4拍子の3拍めなど）がつなげられた場合。1つの音符にまとめて書くかタイで結んであらわす（p.051のbとc、eとfをそれぞれ参照）。
　c. 強拍より弱拍の長さが長い場合。
　d. 強さの変化の記号が弱拍部に付された場合。
　e. 拍子に反するフレーズやアーティキュレーションが付された場合。

P. I. チャイコフスキー：交響曲第5番 ホ短調 作品64 第1楽章

L. v. ベートーヴェン：交響曲第3番 変ホ長調 作品55《英雄》第1楽章

L. v. ベートーヴェン：交響曲第4番 変ロ長調 作品60 第3楽章

この例は同時にヘミオラ（p.046参照）でもある。

拍や拍子がわかりやすいリズム表記

リズムの表記は、拍や拍子の進行が理解しやすい適切な方法にすること。

P.I.チャイコフスキー：交響曲第4番 ヘ短調 作品36 第1楽章

上記の譜例は各小節のはじめの8分音符6つぶんがヘミオラ（p.046参照）となっているが、それを強調した書き方をした場合、拍頭が不明確となり、読みづらくなる。

例外的なリズム表記

慣例により、例外的な表記がもちいられる場合がある。

付点2分音符はほんらい「2分音符＋4分音符」の意味であるため、8分の6拍子において1小節ぶん音をのばす場合、正確には付点4分音符2つをタイで結ぶべきであるが、煩雑になるため、付点2分音符1つを書き、4分の3拍子において1小節ぶん音をのばす場合と同じ表記とすることが多い。次の譜例の1小節目と3小節目の付点2分音符は、4分音符3つぶんではなく、付点4分音符2つぶんとして扱われている。これに準じ、8分の12拍子で1小節ぶん音をのばす場合も、付点全音符で表記することが一般的である。

L. v. ベートーヴェン：ピアノ・ソナタ第4番 変ホ長調 作品7 第1楽章

　4分の4拍子において1拍めと4拍めに音があり、2、3拍めが休符の場合、3拍めが明確になるよう4分休符を2つ置くが (a)、2、3拍めに2拍ぶん音がある場合は、習慣的にbよりcの例のように書くことが多い。どちらも読みやすさが優先される。8分の4拍子の場合もこれに準ずる（dは休符のある例。eは拍を明確に表しているがfの書き方も可能である。また、b・c・e・fはp.049のシンコペーションの項も参照のこと）。

　声楽曲においては、歌詞のシラブルごとに連鉤(れんこう)を区切る習慣がある。しかし、シンコペーションが多いポピュラー音楽などでは見やすさを優先し、守られていない場合もある。

F. メンデルスゾーン：《歌の翼に》

第5章　音程

執筆：小鍛冶邦隆

音程

　音程とは、幹音の2音間の間隔（音度の隔たり）を意味する。2音間の音程を度（度数）であらわす。
　2音間の関係が水平的なものを旋律的音程、垂直的なものを和声的音程といい、それぞれ2音間の度数を、完全、長、短、増、減の別によっていいあらわすことができる。
　和声的音程はかならず下の音から上の音へと読まれる。

◉──音程の数え方

　臨時記号のあるなしにかかわらず、2音間の度数を数える、つまり幹音間の度数により、音程（度）がわかる。

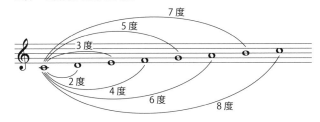

主音＝1度音から数えた場合

◉──単音程と複音程

　オクターヴ（8度）までの音程を単音程、オクターヴを超える音程を複音程というが、複音程は、オクターヴと単音程の度数を組み合わせていうことがふつうである（例：1オクターヴと完全5度など）[1]。

◉──転回音程

　音程（単音程）を構成する一方の音を、もう一方の音の側へそれぞれ1オクターヴ上下させることを転回といい、それによってできる音程を転回音程という。もとの音程と転回音程の和は1オクターヴとなる。完全音程の転回音程は完全音程に、長音程の転回音程は短音程（短音程の転回音程は長音程）に、増音程の転回音程は減音程（減音程の転回音程は増音程）になる。複音程は転回をおこなわない。

音程の算出のしかた

　2音間（幹音）の度数を数える（全音階的音程）。

---

[1]──慣例的に、オクターヴと2度を9度、オクターヴと3度を10度という。

1度：同音（完全1度）

2度：幹音中、ミーファとシードの2つの2度は短2度で、それぞれ半音1つぶんからなる（全音階的半音）。それ以外の2度（ドーレ、レーミ、ファーソ、ソーラ、ラーシ）は半音2つぶんからなる長2度である。また長2度を全音、短2度を半音という。半音とはオクターヴ（8度）を12等分した音程である。半音には、幹音の全音階的半音と、半音階的半音（p.058を参照）がある。

3度以上の音程は、これら長2度か短2度どちらかを、あるいはいくつ含むかにより、長音程と短音程、完全音程に分類される。

3度：長2度のみのものは長3度、短2度を含むものは短3度。

6度：短2度1つを含むものは長6度、短2度2つを含むものは短6度。[2]

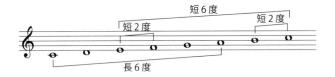

[2]──以下、本項の譜例は長・短・完全・増・減音程をひとつずつ表示しているが、他の音度でも同様。

7度：短2度1つを含むものは長7度、短2度2つを含むものは短7度。

4度：短2度1つを含むものは完全4度、短2度を含まず、長2度のみによるものは増4度[3]。

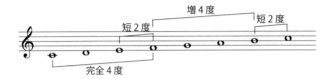

5度：短2度1つを含むものは完全5度、短2度2つを含むものは減5度。

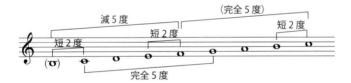

8度：短2度2つを含むものは完全8度。

---

[3]──3つの長2度（全音）を含むため、三全音（トリトヌス）ともいう。

◉――臨時記号を含む音程（半音階的音程）

　臨時記号の有無にかかわらず、幹音のみで音程を数え、長音程の上部音に変記号（あるいは本位記号）、あるいは下部音に嬰記号（あるいは本位記号）があれば短音程、短音程の上部音に嬰記号（あるいは本位記号）が、あるいは下部音に変記号（あるいは本位記号）があれば長音程となる。[4][5]

---

[4]――両方の音に嬰記号、あるいは変記号がつく場合は、両方の変位記号を取り去り、幹音のみの音程を数える。さらに下記の臨時記号を含む音程の数え方をおこなう。

[5]――調号がある場合も、調号を臨時記号としてあつかう。

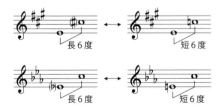

また長音程の上部音に嬰記号（あるいは本位記号）、あるいは下部音に変記号（あるいは本位記号）があれば増音程（増2度、増3度、増6度、増7度）、短音程の上部音に変記号（あるいは本位記号）、下部音に嬰記号（あるいは本位記号）があれば減音程（減2度、減3度、減6度、減7度）となる。

完全音程では、完全1度については、上部音に嬰記号、あるいは下部音に変記号がついても同様に増1度となる（半音階的半音）[6]。

　完全4度の上部音に嬰記号（あるいは本位記号）、あるいは下部音に変記号（あるいは本位記号）があれば増4度、上部音に変記号（あるいは本位記号）、あるいは下部音に嬰記号（あるいは本位記号）があれば減4度、完全5度の上部音に嬰記号（あるいは本位記号）、あるいは下部音に変記号（あるいは本位記号）があれば増5度、上部音に変記号（あるいは本位記号）、あるいは下部音に嬰記号（あるいは本位記号）があれば減5度、完全8度の上部音に嬰記号（あるいは本位記号）、あるいは下部音に変記号（あるいは本位記号）があれば増8度、同様に上部音に変記号（あるいは本位記号）、あるいは下部音に嬰記号（あるいは本位記号）があれば減8度となる。

---

[6]──完全1度については、その減音程は存在しないので、増1度となる。

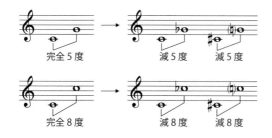

　重嬰記号、重変記号がつくものについては、それぞれ増音程、減音程の臨時記号としてあつかい、重増あるいは重減音程とする。

　臨時記号をともなう音程（増、減、重増、重減）は、しばしば記譜上、演奏上の理由で、異名同音に書きかえられることがある。

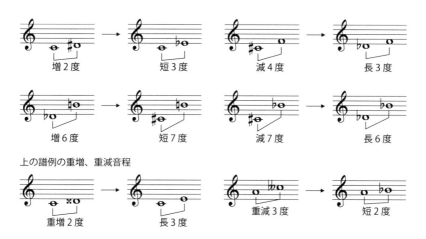

協和音程と不協和音程

　協和音程は完全1度、4度、5度、8度の完全協和音程と、長短3度、6度、の不完全協和音程からなる。[7]

　不協和音程は、上記のもの以外をいう（長短2・7度とすべての音度の増、減、重増、重減音程）。

---

[7]──協和音程は、振動数の比であらわすことができる（ピュタゴラス音律）。
　　完全協和音程：　完全1度＝1：1、完全8度＝1：2、完全5度＝2：3、完全4度＝3：4
　　不完全協和音程：長3度＝4：5、短3度＝5：6、短6度＝5：8、長6度＝3：5

第6章　音階・調

執筆：小鍛冶邦隆

音階

　音階とは、1オクターヴ＝7音の幹音からなり、全音階を構成する。
　17世紀以降、20世紀初頭にいたるまで、長音階と短音階を中心に、調的和声が生み出された。

長音階

短音階（和声短音階）

　幹音からなる全音階は、全音と半音の組み合わせにより、ハ音を主音（音階第1音＝トニック）とする長音階、イ音を主音とする短音階を構成するが、音階音それぞれの機能は、重要度によって、以下のように分類される。

　主音（第1音）：音階の開始音であり、終止音としてのトニック
　属音（第5音）：音階の調的機能の中心としての、主音の5度上のドミナント（上属音ともいう）
　下属音（第4音）：主音を中心に、5度上の属音にたいして、5度下のサブドミナント

　主音を中心として、属音、下属音が決まることで、調が確定する。

導音（第7音）：主音に終止するさいの重要な導入音

以下の音階音は場合によっていずれかの機能（トニック＝T、サブドミナント＝S、ドミナント＝D）[1]に分類される（中音＝第3音のみトニックあるいはドミナントの機能をもつ）。

◉──長音階

主音、属音から長3度を構成して、幹音中のミーファとシードに短2度（半音）を含み、長調の調的機能を生じさせる。

---

[1]──第7章「和音」の「和音の機能」（p.079）を参照。

◉──短音階

以下の3つの形態がもちいられ、短調の調的機能を生じさせる。

自然短音階
主音、属音から短3度を構成して、幹音中のシードとミーファに短2度（半音）を含む。

和声短音階
第7音を導音化（半音上方変位させる）[2]。

旋律短音階
上行のさい、第6音と第7音を半音上方変位し（第7音を導音化するにあたり、増2度を避けるため、第6音も半音上方変位する）、下行のさいは自然短音階と同様に変位しない。

---

[2]──変位とは、幹音に臨時記号をつけることにより、半音階的に上下させることをいう。変位した音を変位音という。

調

◉──移調

　上記の幹音からなる長・短音階は、主音を他音度に移し（移調）、調号をもちいて、同様に各種調の音階＝各長・短調を構成することができる。[3]

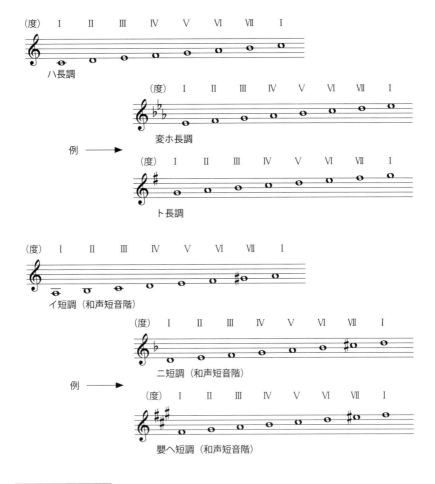

---

　[3]──主音が同じで長・短調が入れ替わることを移旋という。また、移旋によって生じる主音が同じ長・短調の関係を同主調という（p.065「近親調」を参照）。

●―― 調号

　移調をおこなうため、各譜表の音部記号のすぐあとに、幹音に嬰記号、変記号をつけ、調によって異なる変位音を示す。これを調号といい、変位音がつく順番（後述する五度圏による）にしたがい、これを付す[4]（p.067「五度圏」の図を参照）。

●―― 近親調

　主調を中心に、属音を主音とする属調（Ⅴ度調）、下属音を主音とする下属調（Ⅳ度調）、下中音を主音とする平行調（Ⅵ度調）という、3つの重要な調関係を近親調という。

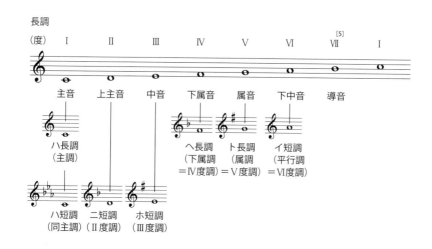

---

[4]――各調間の調号の数が違うほど、その関係は遠くなる。近親調関係は、調号が同じ（あるいは同様に調号がない）か、嬰記号、変記号がそれぞれ1つ以内の増減により、五度圏内で隣り合わせになっていることによる。
[5]――長音階の第7音（導音）上の三和音は、減三和音になるため、これを主和音とする調はない（近親調の説明を参照）。

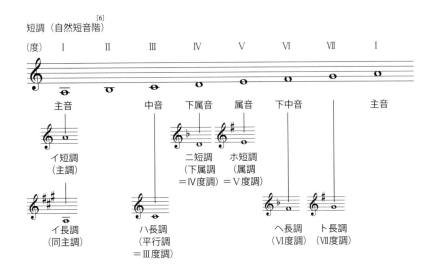

　長調の場合は、属調の平行調（Ⅲ度調）、同様に下属調の平行調（Ⅱ度調）、主調の長・短を交換する同主調（同主短調）を加えることもある。[7]

　短調の場合、属調、下属調、平行調（Ⅲ度調）以外には、導音化しなければならない第7音（導音）とⅡ度音上の三和音が減三和音になるため、属調の平行調（自然短音階の場合、Ⅶ度音上の長三和音によるⅦ度調）、下属調の平行調（Ⅵ度調）、および同主調（同主長調）を加えることもある。これ以外の和音＝主和音に半音階的音程をふくむ調を遠隔調という。

---

[6] ── 和声短音階（第7音＝導音）、および旋律短音階（上行Ⅵ度音と導音）の各上方変位音を主音とする調はない。

[7] ── これらの調は、幹音上にできる長三和音（Ⅰ、Ⅳ、Ⅴ度調）、短三和音（Ⅱ、Ⅲ、Ⅵ度調）にもとづく調であるため、Ⅶ度音（導音）の三和音＝減三和音の調は存在しない。

● ──五度圏

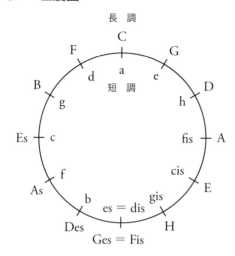

円環の外側は長調（頭文字が大文字）、内側はその平行調（短調。頭文字が小文字）

　5度近親調（属調、下属調）の関係を、ハ長調（イ短調）から右回りで5度上行（属調）、左回りで5度下行（下属調）する関係であらわした円環状の図式を五度圏という。[8]

　右回りで嬰記号が、左回りで変記号がそれぞれ1つずつ増えていくため、調号を書く順番と同じになる。嬰記号が1つずつ増えて6つになったとき（ハ長調、イ短調からもっとも遠隔調〔嬰ヘ長調、嬰ニ短調〕になったとき）、変記号6つに読み換え（異名同音調〔変ト長調、変ホ短調〕）、それ以降は1つずつ変記号が減り、当初の調号なしの調（ハ長調、イ短調）にもどる。また円環の中心を通る直線で結んだ反対側の各（長・短）調は、それぞれもっとも遠隔調の関係（減5度、増4度関係）となる。

---

[8]──バロック期の作曲家・音楽理論家 J. D. ハイニヒェンの『通奏低音』(1728) のなかで、最初に記述された。

●──転調と移調

ある調から別の調（近親調、遠隔調）に移ることを転調といい、調的和声においては、音楽的に、あるいは形式構成上の重要な役割をもつ（p.111を参照）。

※経過的転調（明確に転調しない。p.113を参照）

移調はある音楽的まとまりを保ったままで（内部の音程関係を変えずに）、調を変えることをいう。

移調は声域や楽器の音域上の問題を解決するためにしばしばもちいられる方法なので、以下に簡単に説明する。

●──移調の方法

一般的には、調号をもちいて（調号を変えて）、ほんらいの調の主音を移調した調の主音に移し、他の音階音もすべて同様に移す。移調をおこなう音度と同様に、各音の音度が変わる。

さらに変化音（臨時記号）については、嬰・変記号の調どうしの場合はそのまま反映させるが、嬰記号から変記号の調の場合は、本位記号は変記号、変記号から嬰記号の調の場合は本位記号は嬰記号、さらに、どちらの場合も嬰記号は本位記号か嬰記号、変記号は本位記号か変記号などに変わる[9]。

---

[9]──嬰記号が上方変位する場合は重嬰記号、変記号が下方変位する場合は重変記号になる場合がある。

主調から平行調への転調

1. ニ長調→ロ短調

※近親調のホ短調への経過的転調（p.113を参照）のための嬰ニ音なので、フレーズの最後はロ長調でなく平行調のロ短調（2以下も同様）。

5. 変ホ長調→ハ短調

2. イ長調→嬰ヘ短調

3. ヘ長調→ニ短調

6. ホ長調→嬰ハ短調

4. 変イ長調→ヘ短調

● ──音部記号をもちいた（入れ替えた）移調法

　伝統的に7つの音部記号を入れ替えることにより、五線上の音符の位置を変えずに移調をおこなう方法が知られている。[10]

　声楽作品においては3度上下を限度とする移調が一般的なので、

　ト音記号の場合は、2度上＝アルト記号、2度下＝テノール記号、3度上＝バス記号、3度下＝ソプラノ記号、

　バス記号の場合は、2度上＝メゾソプラノ記号、2度下＝アルト記号、3度上＝バリトン記号、

　3度下＝ト音記号をもちいる。

　オクターヴ関係の移高にも注意する。

ト音記号（ハ長調）。前ページの譜例1を参照[11]

1. 原調[12]

アルト記号（ニ長調）。実音は1オクターヴ上げる

2. 2度上

テノール記号（変ロ長調）。実音は1オクターヴ上げる

3. 2度下

---

[10] ──7つの音部記号（低い順からバス＝第4線のバス記号、バリトン＝第3線のバス記号、テノール＝第4線のハ音記号、アルト＝第3線のハ音記号、メゾソプラノ＝第2線のハ音記号、ト音記号＝第1線のト音記号、ソプラノ＝第1線のハ音記号）をもちいることで、1つの音を7音に読み換えることができるので、全音階すべての読み換えが可能になる。6度、7度については、それぞれ転回音程としての3、2度の移調と同じ方法がもちいられる（後述する総譜の移調楽器パートを読むために使用されることがある）。

[11] ──すべての音部記号は、嬰記号、変記号のどちらにも移調できる（上記譜例の2は、ニ長調への移調であるが、同様に変ニ長調への移調も可能である）。

[12] ──原調はハ長調としたが、どの長・短調でも、以下の音部記号をもちいて、移調をおこなうことができる。

4. 3度上　ヘ音記号（ホ長調）。実音は2オクターヴ上げる

5. 3度下　ソプラノ記号（変イ長調）

6. 原調　バス記号（ハ長調）

7. 2度上　メゾソプラノ記号（ニ長調）。実音は1オクターヴ下げる

8. 2度下　アルト記号（変ロ長調）。実音は1オクターヴ下げる

9. 3度上　バリトン記号（ホ長調）

10. 3度下　ト音記号（変イ長調）。実音は2オクターヴ下げる

さらには総譜の移調楽器パートを読むため、上記の2、3度上下の移調に加えて、4度下げるためにバリトン記号（アルト・フルート＝ト調）、5度下げるためにメゾソプラノ記号（一般的なF管ホルン）をもちいることもある[13]。

ただし調号の付加、変位音の移調については、音部記号にかかわらず、おこなわなければならない（p.068「移調の方法」を参照）。

実音で記譜されたパートの、移調楽器による記譜については、移調をおこなう楽器の調による実音パートの移動ド読みをおこない、該当する調に書き換える[14]。

さらに移調楽器 a から異なる調の移調楽器 b への移調（二重移調。実音で同じ調になる）は、移調楽器 a の実音から、移調楽器 b で実音を読むための音部記号をもちいておこなう。

---

[13] —— B管にはテノール記号、A管にはソプラノ記号、D管にはアルト記号、Es（E）管にはバス記号が、それぞれ移調（実音読み）にもちいられる（F管、G管を含めて、これらはト音記号の場合で、バス記号の場合は p.071–072「音部記号をもちいた（入れ替えた）移調法」を参照）。

[14] —— 記譜上は上2度の移調（p.070の譜例2）と同じ。

● ──その他の音階

　民俗音楽には、5音からなる五音音階（ペンタトニック音階）、あるいはロマ（ジプシー）音階といわれる七音音階などがみられる。
　オクターヴを半音で12分割したものは半音階（クロマティック音階）といい、全音階の半音間を補うかたちで使用されてきた。[15]

　また、オクターヴを長2度6音で均等に分割した全音音階（幹音からなる全音階とは異なるので注意）、さらに音階内部にシンメトリックな配分をもつため、移調の回数（長音階、短音階は、当初のものを含めてそれぞれ12回）が制限される「移調（移高）の限られた旋法」（O. メシアン）など、近・現代音楽においては人工的な複合旋法もみられる。

---

[15]──半音階を均等にあつかうことで調的機能（調的和声）が失われることを、無調（無調性）といい、20世紀初頭の音楽に出現した。

1. 五音音階

2. ジプシー音階

3. 半音階

すべて半音（短2度あるいは増1度）

4. 全音音階[16]

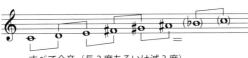

すべて全音（長2度あるいは減3度）

5. 移調（移高）の限られた旋法＝第2旋法[17]

短2度（増1度）＋長2度による3音の繰り返し

---

[16]——O. メシアンによる「移調（移高）の限られた旋法」によれば第1旋法。

[17]——O. メシアンによれば第1から第6までの旋法がある。第2旋法は半音ずつ3回移調（移高）ができ、4回目はもとの旋法第4音（E）からと同じもの。長・短調がそれぞれ半音ずつ11回移調できるのに対して、移調（移高）の限定されたものである。

◉──教会旋法

中世キリスト教会の単旋律典礼聖歌（グレゴリオ聖歌）を分類するためにもちいられてきた。

全音階的な教会旋法については、17世紀（バロック期）以降に長・短音階に移行していくが、その後の教会音楽や、近代の和声語法のなかに取り入れられている。以下の付論を参照。

付論

1600年ごろまでの音楽は、中世以来の8つの旋法に長調・短調（自然短音階）と共通する4つの旋法を加えた12の旋法にもとづいている。

それぞれに名称をもつ6つの正格旋法と変格旋法（プラガル）からなる（下記譜例）。

正格旋法と変格旋法の関係は、長調・短調における主調・属調の5度関係と共通するが、さらに相当する終止音（フィナリス。譜例では○）は、正格・変格旋法間で同じである。

さらに支配音（譜例中では×で表示）は、旋法の中心音として、長調・短調の属音に相当し、正格旋法では終止音から5度上、変格旋法では3度上であるが、シがファとのあいだに増4度（その不安定な性格から「音楽の悪魔 diabolus in musica」とよばれていた）を生じるのを避けるため、第3旋法では支配音シをドに、その変更にともない変格旋法にあたる第4旋法の支配音ソもラに2度上行する。同様に第8旋法（変格旋法）の支配音も、シからドに2度上行する。

第7章　和音

執筆：林達也

自然倍音と和音

自然倍音列から発生した音塊の中に含まれる和音を自然和音とよぶ。

自然倍音列の例
基音（1）上に響く部分音。譜例は低音ハ（C^1）上の倍音で、一般的にもちいる第18倍音までを示す。（　）内の音は近似値。

上記の倍音列の中に、長三和音（第1倍音〜第6倍音）、属7和音（第7倍音）、属9和音（第9倍音）を聴くことができる。

自然和音は、自然協和音（長三和音）と自然不協和音（減三和音、属7和音）に分類され、それ以外のものを人工協和音（短三和音）、人工不協和音（属7以外の四和音）とよぶ。

和音の表示法

和音の表示法には、和音度数によるものと通奏低音（数字）によるものとがある。

◉——和音度数による表示法（三和音）

　ある特定の調の音階構成音をローマ数字であらわし、その音を根音とする和音をそのローマ数字で表示する。

　それぞれをⅠ度和音、Ⅱ度和音、Ⅳ度和音、Ⅴ度和音……とよぶ。

　短調の場合は、自然短音階、和声短音階、旋律短音階の別によって、和音の構成音が一部異なるものがある（Ⅱ、Ⅲ、Ⅳ、Ⅴ、Ⅵ、Ⅶ度の各和音）。

イ短調の各音階上の和音
自然短音階上の和音

和声短音階上の和音

旋律短音階上の和音

和音の機能

Ⅰ度和音を主和音（トニック）、Ⅴ度和音（属7、属9和音も含む）およびⅦ度和音を属和音（ドミナント）、Ⅱ度和音、Ⅳ度和音を下属和音（サブドミナント）とよぶ（Ⅲ度和音は主和音の、あるいは属和音の代用となりうる。また、Ⅵ度和音も主和音の代用となるときがある）。

一般的に調性音楽は主和音で楽曲を終止する。また、属和音と主和音との関係によって調が決定する場合が多い（とくに属7和音が調を確定する）。

通奏低音[1]（数字）による表示

和音の形態は、低音声部（バス）上に、そこからの音程をアラビア数字で表示することができる。

ヨーロッパでは、通奏低音法が16世紀から広まり、鍵盤楽器奏者の演奏法、伴奏法としてもちいられ、20世紀前半にいたるまで作曲技法として重要なものであった。

通奏低音は、低音から上方の音への音程関係を数字で示すことによって和音を表示し、演奏される[2]。

---

[1] ── 通奏低音は、通常、複数の音を同時に発音できる楽器によって演奏される。たとえば撥弦楽器のリュートなど、あるいは鍵盤楽器のオルガン、チェンバロ、ピアノなどで、旋律にたいして和音づけ（伴奏）するさいにもちいられる。

[2] ── 数字は、$\begin{smallmatrix}5\\3\end{smallmatrix}$、$\begin{smallmatrix}4\\3\end{smallmatrix}$など、低音から上方に向けて数字が大きくなるが、和音の配置を示すために逆になる場合もある（$\begin{smallmatrix}3\\5\end{smallmatrix}$、$\begin{smallmatrix}+4\\6\end{smallmatrix}$など）。

三和音、四和音、五和音

三和音は 3 度構成による 3 音からなり、同様に四和音は 3 度構成による 4 音、五和音は 3 度構成による 5 音からなる。三和音は「5 の和音」、四和音は「7 の和音」、五和音は「9 の和音」と称する。

三和音

三和音には長三和音、短三和音、減三和音、増三和音の 4 種類があり、低音および低音から 3 度上、5 度上の音によって構成される場合、それを基本形とよぶ。三和音は、2 つの転回形、すなわち第 1 転回形、第 2 転回形をもつことができる。

長三和音と短三和音を総じて完全三和音とよぶ。

◉──長三和音

長三和音は特定の音を低音（根音）とし、その長 3 度上、完全 5 度上（すなわち 2 つめの音から短 3 度上）の音から構成される。

和音数字は **5** と表示する。

基本形（5 の和音）
長三和音の基本形は、根音上の第 3 音、第 5 音によって構成される。**5** と和音表示する。

表示の例

基本形の和音表示では、根音と第 3 音の表示は省略することが多いが、必要におうじて臨時記号をつける。

第 1 転回形（6 の和音）

第 3 音上に短 3 度、短 6 度（2 つめの音から完全 4 度）から構成される。**6** と和音表示する。

表示の例

第 2 転回形（$\frac{6}{4}$ の和音）

第 5 音上に完全 4 度と長 6 度（2 つめの音から長 3 度）から構成される。$\frac{6}{4}$ と和音表示する。

---

[3] —— b、c、d、e は第 3 音、第 5 音に臨時記号がつくので表示するが、第 3 音の **3** は省略される。また、c、d は根音に臨時記号がついているが、何も表示しない。
[4] —— 臨時記号がつく場合、短 6 度音を **6** と表示するが、短 3 度音の **3** は表示しない。

第 7 章　和音

表示の例

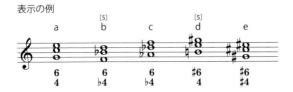

◉──短三和音

短三和音は、根音と短3度上、完全5度上（2つめの音から長3度上）の音から構成される（長三和音と短3度と長3度が逆になる）。

和音数字は、長三和音の場合と同様に **5** と表記する。

基本形
長三和音同様に、根音、第3音、第5音によって構成される。

表示の例

短三和音の第1転回形、第2転回形の構成、および臨時記号と数字の表示は、長三和音と同様に扱われる。

---

[5]──長6度音と完全4度音に臨時記号がつく場合、数字とともに表示する。
[6]──臨時記号と数字の表示については、長三和音に同じ。

● ──増三和音

増三和音は、根音と長 3 度上、増 5 度上（2 つめの音から長 3 度上）の音から構成される。

基本形

増三和音の第 1 転回形、第 2 転回形の構成、および臨時記号と数字の表示は長・短三和音と同様である。

第 1 転回形

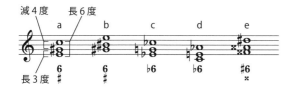

第 2 転回形

---

[7] ── 臨時記号と数字の表示は、長・短三和音に同じ。

● ── 減三和音

減三和音は、根音と短3度上、減5度上（2つめの音から短3度上）から構成される。和音数字は、属和音（属7和音の根音省略形）としてもちいる場合（Ⅶ度和音）と短調のⅡ度和音（p.078「和音度数による表示法」を参照）とでは表記が異なる。

基本形

減三和音の第1転回形、第2転回形の構成は以下のとおりである。

第1転回形

第2転回形

減三和音の和音数字について

◉――属和音（Ⅶ度和音）としての減三和音（主和音[8]に解決する場合）

基本形：斜線は減音程をあらわす。

第1転回形：＋は導音をあらわす。

ドイツでは $^{+6}_{\ 3}$ を **6** あるいは **6**、また導音ほかを臨時記号で表記する場合もある。

第2転回形

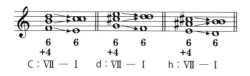

---

[8]――主和音（Ⅰ度和音）は第5音が省略されることもある。

◉──Ⅱ度和音としての減三和音（短調において属和音へ進行する場合）

基本形

第1転回形

第2転回形

四和音（7の和音）

　四和音とは、4つの構成音から形成された和音。
　長7和音、短7和音、属7和音、減5短7和音、減7和音、増5長7和音などがある。
　構成音は根音、第3音、第5音、第7音で、基本形、第1転回形、第2転回形、第3転回形がある。[9]

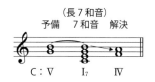

● ── 長7和音

長三和音の基本形に長7度を加えたものが基本形である。

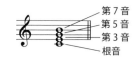

● ── 短7和音

短三和音の基本形に短7度を加えたものが基本形である。

　長7和音、短7和音とも、和音数字は基本形は 7 または $\frac{7}{5}$、第1転回形は $\frac{6}{5}$、第2転回形は $\frac{4}{3}$ または $\frac{6}{4}{3}$、第3転回形は 2 または $\frac{6}{4}{2}$ とあらわす。

---

[9] ── 属7、減7和音を除き、一般的には、第7音が先行する和音から予備され、2度下行して解決する。

第7章　和音

基本形（7）

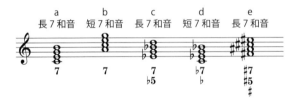

第1転回形（$\frac{6}{5}$）

第2転回形（$\frac{4}{3}$ または $\frac{6}{4}{3}$）

第3転回形（2 または $\frac{6}{4}{2}$）

◉──属 7 和音

　長三和音の基本形に短 7 度を加えたものが基本形となる。第 3 音（導音）は主音へ、第 7 音はⅢ度音へ解決する。
　属 7 和音は、Ⅰ度和音（主和音）への連結によって、その調を決定する性質をもつ。各調に 1 つしかなく、同主調（長・短調）で共有される。

　属 7 和音の和音数字は、基本形を $\frac{7}{+}$、第 1 転回形を $\frac{6}{5}$、第 2 転回形を $+6$、第 3 転回形を $+4$ とそれぞれ表示し、すべての調の属 7 和音として、この和音数字が有効となる（フランス式数字では臨時記号を使わない。イタリアやドイツでは属 7 和音は、長 7 和音、短 7 和音などと同様の数字で表示し、臨時記号を付加する。ここではフランス式数字を使用する）。

基本形 ($\frac{7}{+}$)

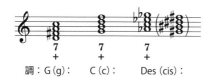

調：G (g)：　　C (c)：　　Des (cis)：

第 1 転回形 ($\frac{6}{5}$)

調：F (f)：　　E (e)：　　Ges (fis)：

第 2 転回形（+6）

調：C(c)： D(d)： Des(cis)： Fis(fis)：

第 3 転回形（+4）

調：C(c)： D(d)： B(b)： Fis(fis)：

◉──減 5 短 7 和音

減三和音の基本形に短 7 度を加えたものが基本形となる。

通常は属長 9 和音（p.093「属長 9 和音」参照）の根音を省略した形（長調のドミナント）として、導音上の 7 の和音がもちいられるが、短調のⅡ度の 7 の和音としてもちいられる場合は、サブドミナントとなる。

属和音としてあつかわれる場合は、基本形は $\frac{7}{5}$、第 1 転回形は $^{+}\frac{6}{5}$、第 2 転回形は $^{+}\frac{4}{3}$、第 3 転回形は $+2$ と表示する。

和音構成音に臨時記号のついた音が含まれる場合は、左側に臨時記号のついた数字で表示する。

例： $\flat\frac{6}{4}+2$、$^{+}\frac{6}{4}$ など[10]

---

[10]──「＋」はすでに導音をあらわしているので、臨時記号は表示しない。

また、サブドミナント（短調のⅡ度の7の和音）としてもちいられる場合は、基本形は $\frac{7}{5}$、第1転回形は $\frac{6}{5}$、第2転回形は $\frac{4}{3}$、第3転回形は 2 と表示する。臨時記号については、他の7の和音と同じである。

基本形（$\frac{7}{5}$）
以下は、属和音として扱われる場合の数字である。

第1転回形（$^{+6}_{5}$）

第2転回形（$^{+4}_{3}$）

第3転回形（+2）

⦿──減7和音

　減三和音に減7度を加えたものが基本形となる。通常は属短9和音（p.094「属短9和音」を参照）の根音を省略した形でもちいられる。
　減7和音は、根音が各短調の導音となる。

　基本形は **7**、第1転回形は $^+{6 \atop 5}$、第2転回形は $^+{4 \atop 3}$、第3転回形は $+2$ と表示する。
　減5短7和音と同様、和音構成音に臨時記号のついた音が含まれる場合は、左側に臨時記号のついた数字で表示する（「＋」はすでに導音をあらわしているので臨時記号は表示しない）。

基本形（**7**）

第1転回形（$^+{6 \atop 5}$）

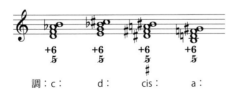

第2転回形（$^{+4}_{3}$）

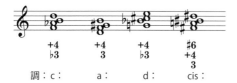

第3転回形（+2）

五和音（9の和音）

属9和音には、属長9和音と属短9和音の2種がある。ここでは、基本形のみを表示する。

いずれも $^{9}_{7+}$ と表記する（IX度音には必要におうじて臨時記号をつける）。

●──属長9和音

属長9和音は、属7和音に長9度を加えたものである。

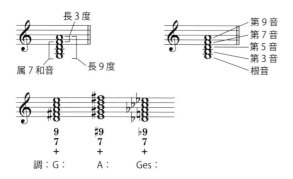

●──属短9和音

属短9和音は、属7和音に短9度を加えたものである。

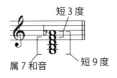
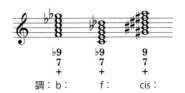

属長（短）9和音の第3音は導音であり、主音へ上行（解決）する。また、第7音および第9音も進行が限定されており、後続和音（主和音）へ連結するさいにはそれぞれ2度下行（解決）する。

その他の四和音（7の和音）

●──増5長7和音

増5長7和音は、増三和音に長7度を加えたものである。

◉——短3長7和音

短3長7和音は、短三和音に長7度を加えたものである。

上記の7の和音は、通常は基本形でもちいられる。

◉——変化和音

変化和音は、根音や第5音が半音上がるか、または半音下がることにより変化した和音。必要におうじて臨時記号を数字につける。

根音、第3音の数字の表示については、他の三和音、四和音に同じ。

根音変化
ナポリの6和音

短調のⅡ度の6和音の根音を半音下げてもちいる。

---

[11]——和声では、異なる声部で増1度関係が生じることを「対斜」といい、禁止されるが、このナポリの6和音にみられる対斜（上の譜例ではソプラノのB音とテノールのH音）は許容される。

第3音変化

ドリアのⅥ度和音

旋律短音階の半音上方変化したⅥ度音（ドリアのⅥ）を導音に上行させてもちいる。

増6和音

a

Ⅳ度和音（三和音）の第1転回形の根音を半音上行させてもちいる。

あるいは上記の増6和音を $\frac{6}{5}$（Ⅳ度の7の和音）でもちいる（増6和音の変形）。

b

---

[12]──増6和音を $\frac{6}{5}$（$^\sharp\frac{6}{5}$）でもちいて属三和音（$\frac{5}{\sharp}$）に進行するさい、禁則とされる連続5度（F–C → E–H）が生じる。これを「モーツァルトの5度」（譜例中、→で表示）と通称する。

増6和音を $\substack{\#6\\4\\3}$（Ⅱ度の7の和音）でもちいる。

上記 a の増 6 和音を「イタリア 6 の和音」、b を「ドイツ 6 の和音」、c を「フランス 6 の和音」ということがある。

それぞれ、Ⅵ度−Ⅴ度（d）、あるいは半音上行したⅣ度−Ⅴ度（e）の進行をともなう。

これらは短調でもちいられるが、長・短調で共通しているドリアのⅥ度和音以外は、借用和音（p.113−114「一時的転調」を参照）として長調でもちいられる。属和音、あるいはⅠ度の $\substack{6\\4}$ 和音を含む属和音（半終止）の直前でフリギア終止（p.104「旋法的な終止」を参照）としてもちいられる。

第 5 音上方変化

第 5 音下方変化

カデンツ（終止形）

　調性音楽における楽節（フレーズ。通常4小節程度の旋律と和声のまとまり）の切れ目に、カデンツ（終止形）が置かれる。
　カデンツは、文章でいえば段落・句読点に相当するもので、和声（和音と和音の関係および連結）によって決定される（そのためカデンツを、音楽における韻律〔文章や詩行を構成する言葉のリズム〕にたとえることもある）。
　カデンツは、がんらい終止形とよばれるが、楽節や楽曲の最後に置かれる終止のみをそれぞれ完全終止、変格終止とよび、それ以外のものを不完全終止、半終止、中断終止などとよぶ。

◉──半終止

　楽節（フレーズ）のまとまりが途中でD（ドミナント）のV度和音（基本形）に落ち着き、その後新たに開始する。

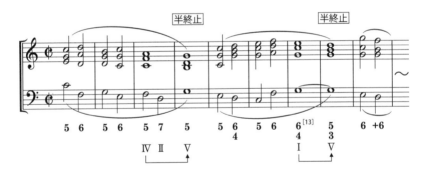

----
[13]──終止形の属和音の前にI度の$\frac{6}{4}$の和音を置くことが多い。

◉──全終止

全終止には、完全終止と不完全終止がある。

完全終止
楽節（フレーズ）を一段落させたり、全曲を終わらせるさいにもちいられる。Ⅴ度の諸和音（属7和音を含む）の基本形からⅠ度和音の基本形に連結される。

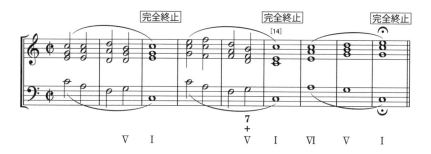

不完全終止
Ⅴ度和音からⅠ度和音の連結によって終止するが、Ⅴ度和音（下記譜例の*2）かⅠ度和音（*1）のどちらかが転回形である場合をいう。

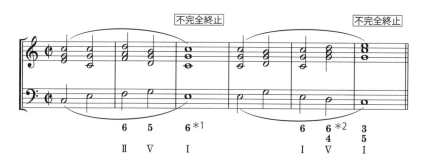

---

[14]──完全終止のさい、Ⅰ度和音の第5音が省略される場合もある。

● ──変格終止（またはプラガル終止）

楽節（フレーズ）がⅣ度和音からⅠ度和音（S→T）に連結し、終止する。楽曲の完全終止のあと、最後に配置されることが多い。

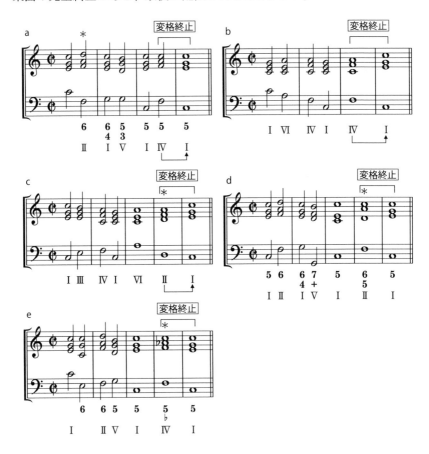

しばしばⅣ度和音の代替としてⅡ度和音（c＊。Ⅱ度の7の和音〔第1転回形。d＊〕を含む）をもちいる場合がある。

長調の楽曲の場合、同主短調のⅣ度（Ⅱ度）和音が借用される場合（e＊）がある。[15]

---

[15]──長調での同主短調和音の借用を「ドゥアモル（独：Durmoll）」ということがある。

●── 偽終止

完全終止の見せかけ。偽りの完全終止として、楽曲を延長させるさいにもちいられる。Ⅴ度和音からⅥ度和音に進行する場合が多いが、代替としてⅣ度和音に進行するときもある（c・dの＊）。

---

[16]── 同主短調のⅥ度和音の借用（p.100「変格終止（またはプラガル終止）」のe＊と注
　　[15]を参照）。

◉──中断終止

偽終止と同様、完全終止を中断させる、見せかけの完全終止ともいえる。偽終止より中断する感じが強い。減7和音（b・c・d・eの＊）などが配置される場合が多い。

◉──その他の終止形

完全終止のさい、Ⅰ度和音の代替として下属調の属7和音に置き換えたのち変格終止する場合もある。

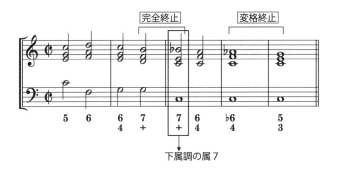

ピカルディのⅢ度音による終止

短調の楽曲の最終和音に、Ⅰ度の短三和音の代替として、Ⅰ度の長三和音を配置する終止法。ルネサンス、バロック以来のドリア、フリギア旋法など（p.075「教会旋法」の「付論」を参照）の終止和音（短三和音の第3音を半音上行させる＝長三和音にする）慣習に由来する

旋法的な終止

半終止の一種として、フリギア終止とフォーレ終止がある。

フリギア終止は、バスの旋律線にフリギア旋法のⅡ度音から終止音への下行形（F—E）がみられる。和声進行はⅣ度和音の第1転回形からⅤ度和音に連結される場合が多い（増6和音も同様）[17]。

フォーレ終止は、Ⅳ度上の属7和音（第2転回形）を変化和音としてもちいる半終止である[18]。

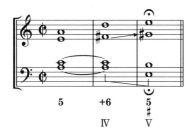

---

[17]——p.096「増6和音」を参照。
[18]——p.096「第3音変化」（ドリアのⅥ度和音）を参照。

第8章　非和声音、転調、調性分析

執筆：林 達也

非和声音（和音外音）

　非和声音は和音の構成音（和音が移行する場合も含めて）を装飾する音をいい、6種に分類することができる。

◉――経過音

　音高の異なる和音構成音どうしを音階上につなげるさいに生じる。

◉――刺繡音

　構成音が同一の音高をもつ2つの和音のあいだで、いずれかの構成音が2度上行あるいは下行して同一音に戻るものをいう。

構成音の2度下と2度上の刺繍音が連続する場合、この2音を二重刺繍音という。

□……二重刺繍音

●──掛留音（けいりゅう）

ある和音が次の和音へ進行したさいに、先行する和音のいずれかの構成音（予備音。以下の譜例では□）が変化せず、そのまま延長されて非和声音として残っているもの。その後、原則として2度下行または上行して、後続和音の構成音（解決音。○）に解決する。

掛留音（△）がタイで準備されることを予備とよぶ。

予備音と解決音は、それぞれ先行・後続和音の構成音（和声音）であり、掛留音は通常、非和声音である。

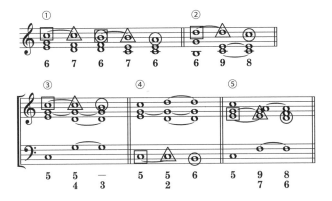

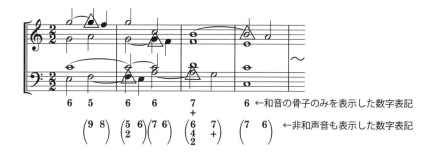

次の例は、タイをもちいて延長されてはいないが、同音が和音変化時に非和声音として打たれているので、掛留音とみなすのが妥当である。

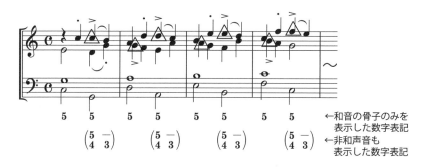

また、2度下行して解決するものを上方掛留音、2度上行して解決するものを下方掛留音とよぶ。

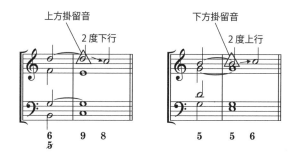

● 倚音（アポッジャトゥーラ）

　予備のない掛留音のことを倚音（アポッジャトゥーラ）という。非和声音が強拍で予備なしで打たれてから、2 度上行または 2 度下行して和音構成音に解決する。

　倚音が 2 声部以上で同時にもちいられるものを和声的二重倚音、倚音が旋律的に 2 つ以上連続するもの（連続倚音。p.110 の「非和声音が複合的に生じる場合」を参照）を旋律的二重倚音という。

●──逸音

　弱拍に生じる解決音のない倚音。和音構成音が2度上行または下行することによって弱拍に生じる。2度上行によって生じた逸音は、しばしば3度下行して後続和音に解決する（a）。同一和音の他の構成音に解決する場合（b・c）、さらに他の和音の非和声音に解決する場合（d）もある。

●──先取音

　後続和音の構成音を、先行和音の非和声音としてもちいるもの。

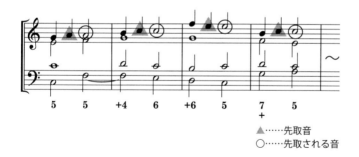

第8章　非和声音、転調、調性分析

◉──非和声音が複合的に生じる場合

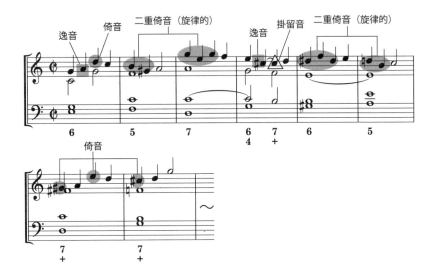

◉──半音階的経過音

経過音が半音階的に出現する。

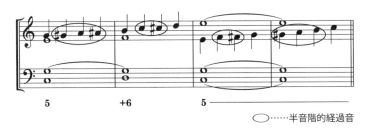

◯……半音階的経過音

◉——経過的倚音

経過音としての動きをともないながら、強拍上で倚音を打つもの。

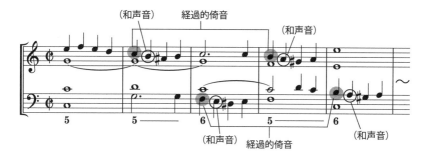

転調

◉——転調について

ある特定の調から別の調へ移行することを転調という。
転調は旋律からだけでも推測できるが、確実に判断するためには、和声的に転調を把握することが必要である。また、借用和音などにより、一時的に別の調の音階構成音上の和音を出現させる場合もあるが、これをもって確実に転調したと断定することはできない。
転調には、楽節（フレーズ）単位の転調、経過的転調、一時的転調がある。

楽節単位の転調

カデンツを楽節（フレーズ）の最後に置いて、その直後に転調すること。

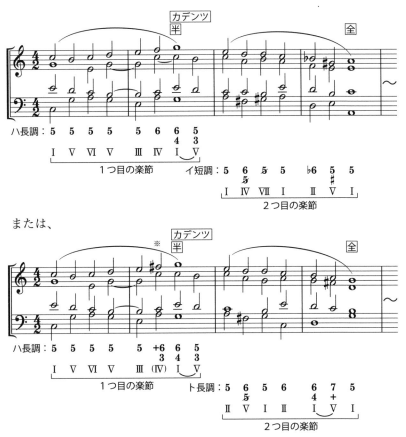

※ 借用和音：一時的に属調のⅦ度和音を借用している（p.113の「一時的転調」を参照）

　楽節単位の転調は、調と調とあいだの切れ目が、カデンツをもちいることによりはっきりしている。経過的転調は、どの和音までが先行する調で、どの和音から転調後の調とは、かならずしもはっきりと区分することができない。

経過的転調

ひとつの楽節の途中で他の調へ転調すること。

下記の譜例中、3小節目3拍目のA−C−Eの和音は、イ短調においてはⅠ度和音であるが、ト長調においてはⅡ度和音であり、2つの調の接点として転調をつなぐ和音となる。

一時的転調

ひとつの楽節のなかに、他の調の和音（借用和音）が出現するが、ただちにもとの調へ回帰するもの。

※1：ナポリの6和音（p.095「変化和音」を参照）
※2：Ⅳ度の変化和音（F → Fis）

[1]──ドッペルドミナント（属調への一時的転調）をドミナント（Ⅰ度の $\frac{6}{4}$ の和音を含む属和音）の直前でもちいることがある。譜例の a、b は7の和音（属調の属7和音と同じ）、c、

第8章 非和声音、転調、調性分析　113

借用和音は一時的に出現するが、それをもって他の調に転調しているとは断定できない。

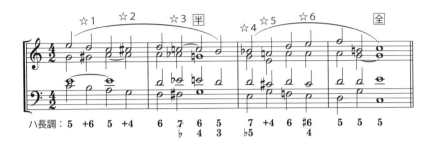

上記譜例中、☆1はイ短調の属7和音の第2転回形、☆2はニ短調の属7和音の第3転回形、☆3はハ短調の増6和音（p.096「増6の和音」を参照。ドイツ6の $\frac{6}{5}$ 和音）の転回形、☆4はニ短調のII度和音の7の和音、☆5は同じ調の属7和音の第3転回形、☆6は同じ調のV度和音の第2転回形である。これら借用和音の出現は一時的なもので、全体をハ長調としてとらえるのが妥当である。それぞれハ長調のIV度、II度和音の拡大と考えられる。

ただし、☆1はイ短調のI度和音に進行し、☆2、☆5、☆6もそれぞれニ短調のI度和音に進行しており、一時的転調ともいえる。

---

dは減5和音（属調の属7和音の根音省略形と同じ）である。bは第2転回形、dは減三和音の第1転回形であるが、bも第1転回形でもしばしばもちいられる。それぞれII度の7の和音とIV度の三和音の変化和音でもある。長三和音の形（D－Fis－A）ではほとんどもちいられない。

調性分析

バロック以降の調性音楽の作曲法は、まず「和声」を根本原理として「旋律」を創作することが、基本であるといえる。

たとえば次の旋律（コラール）について調を考えるとしよう。

この旋律は臨時記号がついていないので、ハ長調あるいはイ短調と判断することもできる。

まず、ハ長調による和声をつけてみよう。

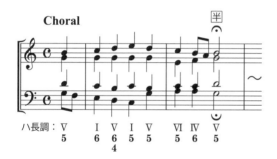

上記のようにこの旋律はハ長調であると判断できる。

それでは、イ短調による和声をつけてみたらどうであろうか。

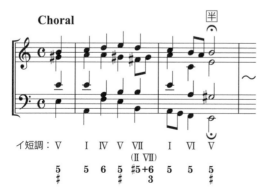

第8章 非和声音、転調、調性分析　115

このように、イ短調と判断することもできる。
さらにト長調としても考えてみよう。

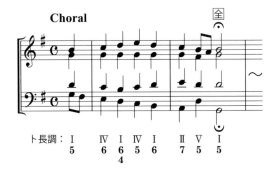

このようにト長調としても判断できる。
　これらの例で明らかなように、ある旋律を特定の調と判断することは、その旋律に内在する和声を前提として、はじめて可能になる。和声の流れと旋律の段落（句読点）をみいだし、カデンツ（終止形）の和声が何調に属するかを分析した結果が、調を判断する決め手となるのである。

　調性分析の要点を以下にまとめる。

1. 旋律を歌ってみて、何調として感じられるか
2. 臨時記号などから、♯系の調であるか♭系の調であるか、または調号がなにもつかないのか

以上は一般的な方法であるが、さらに調を確定するためには、

3. 旋律のみがあたえられている場合は、調を仮定して和声をつけてみる
4. 和声分析をおこなう（和音度数と和音数字の両方から分析する）
5. 楽節（フレーズ）が何小節で構成されているかを、旋律・和声の両面から考え、カデンツの箇所を判断する（何終止がもちいられているかを分析する）
6. 非和声音をみいだし、それらをいったん取り除いたうえで、和音の骨

子と和声の流れから判断する
7. どの調が適当か判断する

調性分析の方法

次の楽曲について調を考えてみよう。

◉──調性分析の要点

1. 旋律をまず歌って、音程・リズム・楽節などの観点から読譜（ソルフェージュ）する。何調として把握できるかを感覚でとらえ、可能性のある調を複数考えてみる
2. 冒頭から数小節の和音を分析し、また楽節の最終小節の手前の和音と最終和音とのあいだにカデンツ（終止形）があるかをみきわめ、何調で終止しているかを把握する
3. 非和声音をみいだして分類し、和声の骨子となる和音をみいだす。
4. 楽曲全体の和声分析をおこない、和音と調の関係を考える

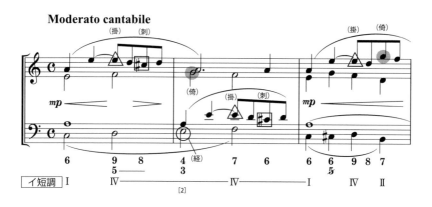

[2] ──2小節と6小節の各1、2拍の和音は、経過的に生じた不完全な7の和音。また同様に、それぞれの調のⅣ度和音上に複数の非和声音により生じる偶成和音とよばれる変化和音でもある。

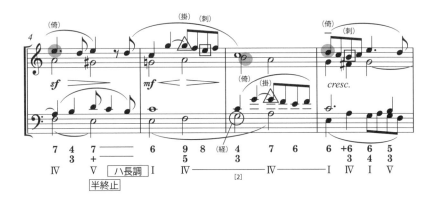
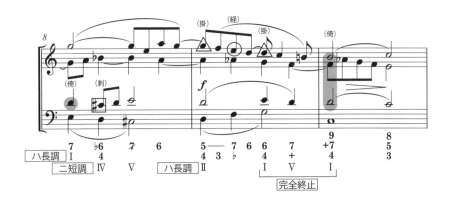
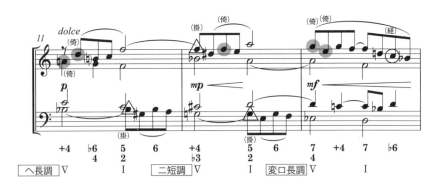

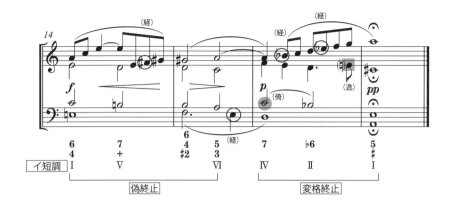

以下は調性分析の一例である。

①まず旋律面のみをみれば、冒頭から4小節の楽節単位でのまとまりが感じられる。また、ドにのみ臨時記号♯がつき、他の音には臨時記号が付加されていないので、調号の数の少ない調であると推測できる。調の可能性を考えると、調号のないところからハ長調かイ短調であろうか（ただしA音で開始されるのでハ長調としては異例）、あるいはCis音がトニックへの導音となるニ短調という3つの調に限定できるだろう。

②和音の観点からみると、1小節目の3拍、4拍はD－F－Aの和音上にソプラノがD音の掛留音（E音）、刺繍音（Cis音）によって装飾されている。ゆえに、Cis音は音階構成音ではないと考えられ、ニ短調は除外される。
　あとはハ長調とイ短調が考えられるが、冒頭1-2拍はバス声部から順にA－C－E音から構成される短三和音であり、4小節目は4拍でE－Gis－Hから構成される和音に落ち着く終止感がある（半終止）。このE－Gis－Hの和音はハ長調の音階上には存在しないため、最終的にはイ短調の可能性が大きいといえる。仮にイ短調として、ローマ数字による和声分析をしてみると、イ短調であることが断定できる。

③次のフレーズに進んでみよう。

　まず旋律のみを歌ってみると、5小節から10小節まででひとつの楽節として感じることができる。

　また、ソプラノ声部には臨時記号がまったくなく、かつ5小節の和音と楽節の最後（10小節）の和音がそれぞれC－E－GとC－E－Cであることから、ハ長調の可能性が高いと判断できる。仮にハ長調であるとして和声分析をすると、8小節でニ短調に一時的転調をしているが、ただちにハ長調に戻り、9–10小節で完全終止していることから、ハ長調であると判断できる。

　11小節からは、楽節の切れ目を感じるのがむずかしく（あえて1小節ずつ切れ目を感じることもできるが）、しいていえば、15小節で旋律が落ち着く感がある。11小節から13小節は、旋律のみからでは、何調であるかなかなか判断しづらい。ここで和声を分析する必要が出てくる。

　和声の観点からみると、11–12小節にヘ長調とニ短調の属7和音がみられ、いずれもⅠ度和音へ進行していることから11小節はヘ長調、12小節はニ短調であると判断することができる。また13小節は変ロ長調の属7和音が現れ、それぞれのⅠ度和音へ進行していることから、変ロ長調であることがわかる。

　次に、14小節から17小節までを分析する。14–15小節では、イ短調のⅠ度和音の第2転回形から始まり、属7－Ⅵ度和音による偽終止がおこなわれる（15小節）。16小節に変ロ長調のⅠ度和音のみが出現するが、ただちに17小節でイ短調の同主調であるイ長調の主和音へ進行しているため、ここはイ短調のⅡ度上のナポリの6和音からピカルディのⅢ度音によるⅠ度和音（主和音＝長三和音）へ進行し、いわゆる変格終止として扱われていることがわかる（下属音上のナポリの6和音から、主和音〔主音〕に終止する変格終止の変形）。

第9章　演奏記号

執筆：大角欣矢

　演奏記号とは、演奏上の具体的な指示のために楽譜上に記される言葉、略号、記号などの総称である。演奏されるべき音高および音価・リズムは、譜表・音符・変化記号の組み合わせによって示される。しかし、それらは楽曲のテンポや音の強弱、演奏上の細かいニュアンス、特定の奏法までをあらわすことはできない。それらを示すのが演奏記号の役目である。

　音符への付加的な記載によって演奏上の細かな指示をおこなう試みは、遅くとも10世紀ごろにはグレゴリオ聖歌のネウマ[1]でおこなわれていた。たとえば、c（cito あるいは celeriter〔速く〕の略）、t（trahere あるいは tenere〔引き延ばして〕の略）といった略号を音符の上に記すことなどである。しかしこれらは、それが記された音符や音符群にたいする指示であって、楽曲やそのなかのまとまった部分全体に効力をおよぼすものではない。

　個々の楽曲のおおよそのテンポを自国語の短い言葉で指示する試みは、16世紀中葉スペインのリュートやビウエラ[2]のための曲集にもっとも早い例がみられる[3]。しかし、こうした記載が一般に広まるのは、16世紀末から17世紀のイタリアにおいてである。当時イタリアでは、バロックふうの新しい表現様式にしたがって異なるテンポや強弱を混在させた、コントラストにとむ表現がおこなわれるようになり、そのために演奏記号が必要となったのである。

　こうしたなりゆきの背景には、独立した器楽曲の作曲がさかんになってきた事情も一役買っている。ルネサンス時代までは声楽曲が同時に器楽曲でもあった。すなわち、歌詞のついた音楽を器楽だけで（しばしば若干のアレンジや即興的装飾を加えて）演奏することはごくふつうにおこなわれてい

---

[1]──9世紀頃以降、グレゴリオ聖歌を記すためにもちいられた記譜法の総称。さまざまな形の線や点を組み合わせて音の動きを示す。

[2]──ビウエラ（vihuela）とは、16世紀スペインで流行した、ギターに似た撥弦楽器の一種。

[3]──たとえば、Luys Milán, *El maestro* (1536); Luys de Narváez, *Los seys libros del delphín* (1538); *Tres libros de musica en cifras para vihuela* (1546); Enríquez de Valderrábano, *Libro de musica de vihuela intitulado Silva de sirenas* (1547) など。

た。しかし、ルネサンス後期以降、器楽曲は徐々に独立して、はじめから楽器のために作曲されることが通例となっていった。そのさい、声楽曲であれば楽曲のおおよその表現内容を歌詞から読みとることができるが、器楽曲ではそれができない。そのため、どのような表現が要求されているのかをとくに明確に示す必要があると作曲家が感じた場合、演奏記号が使われることになった。演奏記号としてもちいられる言葉が、今日にいたるまで主としてイタリア語なのはここに理由がある。当時、バロック様式の確立において主導的な役割をはたした地域がイタリア語圏だったからである。

　演奏記号には、その本質上どこまでもあいまいさがつきまとう。五線譜表と音符が特定の音高や音価を正確に書きあらわすことができるのに対し、演奏記号は（メトロノーム記号を唯一の例外として）演奏上必要な情報を数学的な正確さをもって示すことはできない。**Allegro**（アレグロ）といってもどのくらい速いのか、*f*（フォルテ）と書いてあってもどのくらい強いのかは、厳密かつ一義的に定めることはできず、楽曲の様式やタイプ、演奏の伝統や慣習をふまえて個別に判断するしかない。したがって、適切なテンポや強弱を選択するためには、個々の演奏記号の意味を知っているだけではふじゅうぶんで、それぞれの時代、作曲家、楽曲タイプごとの様式と、その演奏慣習について知識と経験を蓄積していなければならない。

　その一方で、ある曲の演奏について、つねに絶対的に正しいテンポや強弱などが存在する、と考えるとすれば、それは思いちがいである。それは、楽譜というものが、作曲家の意図した音楽を記載する手段としては完璧な厳密さをそなえたものではないからである[4]。つまり、いかに楽譜を正確に読みとったとしても、作曲家が意図した唯一不変の音楽表現を忠実に再現することは不可能である。たとえばテンポひとつをとってみても、演奏者、使用楽器、演奏の場とその物理的特性といったもろもろの条件によって最適なテンポは変動するからである。そもそも「作曲家の意図」と

---

[4]──ついでながら、このことは演奏記号だけでなく、五線譜表と音符についてもあてはまる。少しでも音楽をきちんと勉強した人なら、「音楽的」な演奏においては、基本的に同一テンポ内でもすべての4分音符や小節の長さがつねに厳密に等しくはないことを知っているはずである。このことは、コンピューターなどで「厳密に楽譜どおり」の演奏をおこなわせてみれば、簡単に確かめることができる。そのような「演奏」はまったく「非音楽的」に響く。こうしたテンポや音価の微細な「調節」は楽譜に明確に指示されているものではないが、「音楽的」な表現を形成する重要な要素である。

いうものからして、かならずしも絶対的・固定的なものであるとはかぎらない。演奏の機会ごとに、また生涯のさまざまな時期ごとに、作曲家の自作にたいする考えは変わりうる。じっさい、作曲家による「自作自演」の録音が、楽譜上で指示されているテンポと異なっている例は枚挙にいとまがない。

このことが意味するのは、演奏がつねに作曲家が創造した作品の再創造という芸術的行為であるということである。つまり、楽譜に書ききれないような細かなニュアンスについては、演奏家が自己の芸術性にもとづいて最終的に責任を負わなければならない。演奏記号は、そのためのガイドの役割をはたすものである。

速度記号

楽曲の速度やその変化を、文字や数字をもちいてあらわすのが速度記号である。このうち、メトロノームの数字をもちいて楽曲の速度をあらわすのが「メトロノーム記号」（♩＝80のように、基本となる拍が1分間にいくつ入るかを示す。これをさして「速度記号」という場合もある）であり、言葉を使って楽曲のおおよその速度の目安を示すのが「速度標語」である。

今日まで速度標語として使われるイタリア語が、演奏上の指示として楽譜上に登場するのは17世紀初頭のことである。そのころのおもな用法は、楽曲中の速めのテンポと遅めのテンポの交替を明示することであった。速めのテンポにたいしては preso や allegro が、遅めのテンポにたいしては adagio、lento、largo などがもちいられた。ただし、このころは presto と allegro のあいだには明確な区別はなく、どちらも「標準テンポ（Tempo giusto）」をあらわしており、それに対して遅めのテンポを示す adagio、lento、largo といった表示のあいだにも特段の差は意図されていなかった。

---

[5] ── ♩＝ca.80 などとある場合は、おおよそのテンポを示す。ca. は circa［羅］（おおよそ、約）の略。
[6] ── たとえばA.バンキエーリ（Adriano Banchieri）のオルガン曲《戦争（Battaglia）》（1611）は初期の顕著な例である。
[7] ── このほか、tardo／tarde も遅めのテンポの表示としてもちいられた。

ひとつの楽曲もしくは楽章全体の性格を規定するために形容詞を使うことは、16世紀末以来、例がみられる。A. ガブリエーリ（Andrea Gabrieli, 1532/33–1585）の《ファンタジア・アレグラ（Fantasia Allegra）》（1596）や、B. マリーニ（Biagio Marini, 1594–1663）の《シンフォニア・グラーヴェ（Symfonia Grave）》（1617）と《シンフォニア・アレグラ（Symfonia Allegra）》（1617）などが初期の例である。[8]

　17世紀後半ごろから18世紀初頭にかけて、ソナタやコンチェルトが独立したいくつかの楽章からなる多楽章構成の作品として構想されるようになると、それぞれの楽章の冒頭に大文字書きで速度標語を置くという、今日まで続く表記習慣が確立する。この場合の速度標語は、楽章内の部分的な速度の交替を指示するものではなく、楽章全体を支配する基本的なテンポや性格の表示として、まるで楽章の「タイトル」のような位置づけをもち、それゆえ大文字で書きはじめられる[9]。これに対し、後述する局所的なテンポ変化の指示（ritardando など。p.138–139を参照）や発想標語（p.146以下を参照）など、主として楽曲内の特定の箇所にかかわる演奏記号は、小文字で書きはじめる習慣になっている[10]。

　バロック時代には、**Allegro**、**Adagio** などの表示はたんに慣習的な楽章タイプをあらわしているにすぎないことが多い。それゆえ当時のソナタやコンチェルトの冒頭に急速楽章が置かれている場合、自明の「標準テンポ」としてしばしば記載が省略される。個々の楽曲の個性的な表現としてのテンポ表示の重要性が増すのは、18世紀中葉以降のことである。

　以下では、遅めのテンポから始めて速めのテンポへとおおまかに説明を進めていくが、重要なことは、個々の速度標語はあくまで主観的な「テンポ感」を示すものであって、物理的な速度を指示するものではない、ということである。速度標語がしばしば物理的な速度（メトロノーム記号でいくつ

---

[8] ──ただし、これらの例は近代的な意味でのテンポ表示というよりは、むしろそれぞれがんらいのイタリア語の意味する性格（allegro〔陽気な〕、grave〔重々しい〕）が意味されていると考えるべきであろう。

[9] ──イタリア語の movimento やフランス語の mouvement は、「動き」とならんで「テンポ」をも意味していた。そこから、大きな作品のなかで、個々の「テンポ」をもつ独立した部分のことを、movimento/mouvement とよぶようになった。「楽章」のことを英語で movement というのはこのためである。

[10] ──ただし、ひとつの楽章の内部で、明確に区分されたいくつかの構成部分が別々のテンポで統一されている場合、それぞれの部分の始めに大文字書きで速度標語が置かれる。

からいくつの範囲、といったふうに）と一義的に結びつけられるようになったのは、メトロノームの商品価値を上げるため、メトロノームの数字部分に速度標語が記入されたことに始まる。しかし、そこで採用された速度標語の「順位」やじっさいの物理的速度との対応関係は、そのような表示が考案された当時の速度標語の理解の「一例」を示すものではあっても、あらゆる時代、地域、作曲家の作品にあてはまる普遍的で絶対的な規則であるとはとうていいえない。そもそも、拍を打つ物理的速度が同一でも、2つの異なる楽曲があたえる「テンポ感」は同じとはかぎらず、曲想や拍子、全般的なリズムのあり方（とりわけ、その曲のなかでいちばん細かい音符は何か、細かめの音符と長めの音符の分量の割合はどうか）などによってそうとう異なってくる。また、「テンポ感」は物理的速度のみで決まるのではなく、音楽的な発想や表情のニュアンスとも深くかかわっている。

◉──遅めのテンポ

　一般に出まわっているメトロノームには、遅いものから速いものに向かって **Grave － Largo － Larghetto － Adagio － Andante** といった速度標語の「順位」が記されている。しかし、18世紀から19世紀初頭にかけての理論書や教本を概観すると、そのような「順位」が全体として音楽家たちの共通理解であったことを示す証拠はなにひとつない。むしろテンポにかんするかぎり、速度標語どうしの「順位」についてはじつにさまざまな見解が乱立しており、これといった明確な順位づけを認めない理論家も少なくない。こうした多様な理解が19世紀全般にわたってなお支配的であった状況は、じっさいにメトロノーム記号を作品に記した作曲家たちの作品の比較によっても確かめられる。
　したがって、これらの「速度標語」は、基本的に遅いテンポを指示するとともに、しばしば「発想標語」としての役割を兼ねそなえたものと理解するべきであり、個々の具体的な楽曲に即することなく一般論として「**Largo** と **Adagio** はどちらが遅いか」などと問うことは意味をなさない。

Grave（グラーヴェ）
　「重い」「深刻な」「厳粛な」といった意味の形容詞である。英語でも同

じ意味の grave という言葉があり、「重力」を意味する gravity はそれに由来する。したがって、引きずるような重々しいテンポ感や、威厳に満ちた荘重な楽想が要求されているといえよう。

　Grave がもっとも遅いテンポを意味するとして、**Largo** や **Adagio** よりも遅く位置づける理論書もあるが、一方で **Adagio** をもっとも遅いテンポとみなす理論家も少なくなく、そのような理論家は **Grave** を **Adagio** と **Largo** のあいだに位置づけている。18世紀には、**Andante** に近い、比較的速めのテンポと捉えられているケースもみうけられる。

　Largo（ラルゴ）
　「幅広い」「ゆったりとした」という意味の形容詞である（英語の large にあたる）。18世紀から19世紀初頭にかけての多くの理論家・音楽家は、**Largo** を **Adagio** より遅いテンポと説明し、もっとも遅いテンポと規定される場合も多い。しかし逆に **Adagio** より速い、「遅めの **Andante**」程度のテンポとする説明もあり、時代が下るにつれそのように理解されるケースが増えるようである。G. F. ヘンデル（G. F. Händel, 1685–1759）のオペラ《セルセ（Serse）》（1738）第 1 幕のアリア〈オンブラ・マイ・フ（Ombra mai fu）〉が、原作では **Larghetto** と指定されているにもかかわらず《ヘンデルのラルゴ》という通称があたえられたのには、そのような背景がある。また、逆にこのひじょうに有名となった曲の通称が、そうした（速めの）**Largo** 理解の普及に貢献したもといえる。

> **Larghetto**（ラルゲット）
> 　**Largo** に指小辞（より小さい意をあらわす接尾辞）-etto がついた語で、ほぼ例外なく **Largo** よりもやや速めのテンポをさすと理解されている。しばしば「**Andante** とほぼ同じようなテンポ」とも説明される。

　Adagio（アダージョ）
　「ゆっくり」「そっと」「慎重に」といった意味の副詞であり、遅いテンポをあらわす速度標語の代表格である。語源的には「気楽に」「くつろいで」「自由裁量にまかせて」といった意味の ad agio にさかのぼる。少な

くとも18世紀初頭くらいまでは、一般的な「遅く」という意味とならんで、厳格な拍節にとらわれず、緩急を自由につけた即興ふうの演奏スタイルをさすという、この語源に即した理解も存在していた。

　遅いテンポをあらわす標語のなかで **Adagio** がどのような位置を占めるのかについて、明確な意見の一致はない。理論書では、**Adagio** が **Largo** より遅いという見解と、その逆の主張、および明確な立場を明らかにしない記述が、いずれも同じくらい多くみられる。19世紀の作曲家たちが自作に記したメトロノーム記号からも、彼らがこの標語をかなり幅広い意味で捉えていたことがうかがわれる。

Lento（レント）

「遅い」「ゆったりした」「たるんだ」という意味の形容詞・副詞である。遅いテンポをあらわす標語のなかでも、正確な用法がもっとも明らかでない。そもそも **Lento** について説明している理論書じたいが少なく、説明されている場合には、ひじょうに遅くとする記述と、中程度に遅くとする記述の両方がみられる。19世紀の作曲家たちの作品にみられるメトロノーム記号を調べても、あまり首尾一貫した用法は認められない。

◉──中程度のテンポ

Andante（アンダンテ）

　イタリア語の動詞 andare（歩く）の現在分詞で、「歩いている」「歩きつつ」「進みながら」といった意味である。英語でいえば going ということになる。17–18世紀においては、しばしばテンポ表示というよりも演奏のスタイルをさす言葉としてもちいられた。すなわち、あまり「べったり」したり、緩急の調節をつけたりせず、拍をはっきりと規則正しく刻みながら進んでいくような演奏法であり、これはとくに低音パートについていわれることが多かった。たとえば、J. S. バッハの《平均律クラヴィーア曲集第1巻》第24番〈前奏曲〉(ロ短調) は **Andante** と指定されているが、この曲のバス声部は8分音符が途切れることなく規則的にならぶ、いわゆ

---

[11]──Andante はしばしば「歩くくらいの速さで」と説明されるが、とうぜんのことながら歩く速度は人によって、また状況によってさまざまなので、あまり意味のない説明といえる。

る「歩行バス」のスタイルで書かれている。

　18世紀中葉以降、正式なテンポ表示としての役割が確立するが、あきらかに18世紀末ないし19世紀初頭までは、この語のほんらいの意味に即して、規則正しく進んでいくような比較的速めのテンポが意味されていた。しかし、19世紀のあいだに、どちらかというとゆっくりめの、穏やかでくつろいだ（しかしAdagioほど遅くはない）テンポをさすという理解が広まって今日にいたっている。過渡期にあたる19世紀前半においては、どちらをさすのかについてしばしば作曲家ごと、作品ごとに慎重な判断が必要である。

> **Andantino**（アンダンティーノ）
>
> 　Andanteに指小辞 -ino がついた語で、「小さいアンダンテ」の意。この語がAndanteよりも遅いテンポをさすのか、速いテンポをさすのかについては、歴史的にみて変遷（へんせん）や混乱がある。おおむね、19世紀初頭まではAndanteよりもやや遅いテンポをさしたという見方が有力である。当時はAndanteが比較的速めのテンポであると理解されていたため、「Andanteほど速くなく」という意味で使われたと考えられるからである。逆に、19世紀のあいだにAndanteがどちらかというと遅めのテンポをさすという理解が広まるにつれ、「Andanteほど遅くなく」という意味で、Andanteよりもやや速いテンポをさすようになり、今日にいたっている。

Moderato（モデラート）

「控え目にする」「抑える」といった意味の動詞 moderareの過去分詞で、「控え目の」「ほどよい」「節度ある」といった意味である。17世紀末から18世紀初頭にかけて、速すぎたり遅すぎたり、あるいは強すぎたり弱すぎたりしない、「ほどほどの」「節度ある」演奏スタイルをさすためにもちいられるようになった。18世紀が進むあいだに、しだいにテンポ表示としての用法が定着するものの、それがどのくらいの速さをさすのかとなると、人々の見解にはかなりのばらつきがみられる。

　Moderatoは、単独の速度標語としても、Allegro moderatoのように修

飾語としてももちいられる。この 2 つを別々のテンポと考える作曲家もいれば（その場合には、通常 **Moderato** のほうが遅い）、どちらも実質的に同じようなテンポをさすものとしてもちいていた作曲家もいる。少なくとも後者の作曲家にとって、**Moderato** とは「抑えた」**Allegro** である、という理解だったのだろう。そこから類推して、前者の作曲家にとっても、速めのテンポを基準として、そこから「抑えた」ものとして **Moderato** を考えていた場合が多いと思われる。ただし、これらが **Allegretto** や **Andantino** とどのような関係にあるのかについてはさまざまな見解が存在した。

　いっぽう、メトロノームの普及にともない、テンポを個々の具体的な楽曲と無関係に「絶対的な速度」として物理的に規定しようとする考え方が広まった結果、極端に速いテンポと極端に遅いテンポのちょうど中間ぐらいの値を **Moderato** とする見解も広まった。今日、**Moderato** が「中くらいの速さで」と説明されることが多いのはこのためである。このように、19世紀の実践においては、上述の18世紀的理解の伝統を引き継いでいる用法と、メトロノーム的な意味での用法とが混在しているので注意が必要である。

◉──速めのテンポ

Allegro（アレグロ）
　もともと「陽気な」「快活な」「楽しげな」「明るい」といった、速度とは無関係の意味をもつイタリア語が、速めのテンポをあらわす言葉として転用されたものである。**Presto** との明確な区別がされない17世紀以来の用法の名残が18世紀に入ってもしばらく続いていたことは前述のとおりである。しかし18世紀後半以降、あるていど抑制された、ほどよく速いテンポをさすものとする **Allegro** の理解が定着し、今日にいたっている。

Allegretto（アレグレット）
　Allegro に指小辞 -etto がついた語で、一般的に **Allegro** よりいくらか緩やかな速さをさすとされている。

Vivace(ヴィヴァーチェ)

イタリア語の動詞 vivere（生きる）に由来する形容詞で、「生き生きとした」「活発な」「敏捷な」といった意味をもつ。テンポ表示としては17世紀中葉以来、**Allegro** とほぼ同様の意味で使われてきた。ただし、18世紀前半においては、しばしば「速く」と「遅く」のあいだの中間的なテンポをさすという理解もあった（たとえばL.モーツァルト〔Leopold Mozart, 1719-1787〕）。18世紀末から19世紀初頭にかけて、それとは逆に **Allegro** よりもやや速いテンポをさすという理解がみられるようになる。今日では、**Vivace** は **Allegro** とほぼ同等か、それよりやや速いテンポをさすとみなされている。

修飾語として速度標語に付加される場合も多く（たとえば Allegro vivace）、そのような場合には、速度標語で指示されたテンポをじゃっかん速めることが意図されていること多い。しかし、つねにそうとはかぎらず、たんに「生き生きとした」というニュアンスが要求されているだけの場合もある。

Presto（プレスト）

「素早く」「急いで」「速く」の意。先述のように、17世紀においては、楽曲の遅い部分との対比において「標準テンポ」で演奏されるべき部分がこのようによばれたのであり、かならずしもきわめて急速なテンポが意図されていたわけではない。じっさい、18世紀中葉までは **Allegro** や **Vivace** と区別なく使われている例も散見する。その一方で、18世紀初頭以降、**Presto** を **Allegro** よりも速いとする説明もみうけられるようになり、18世紀が進むあいだに、（**Prestissimo** を別とすれば）**Presto** がもっとも速いテンポをあらわす速度標語である、という認識が徐々に定着して今日にいたっている。

> **Prestissimo**（プレスティッシモ）
> **Presto** の最上級。「もっとも速く」の意。速度標語のなかでもっとも速いテンポをあらわす。

速度標語にたいしてよく使われる付加語・接尾辞

　Allegro、Adagio などの基本的な速度標語につけ加えることで、その意味を変化させる語句や接尾辞のうち、もっともよく使われるものを次に示す。

◉──付加語

種類	付加語	意　　味	使用例
意味を強める	possibile	できるだけ	**Presto possibile**（できるだけ速く）
	molto (di molto)	ひじょうに、きわめて	**Molto Adagio**（ひじょうに遅く） **Adagio di molto**（〃）
	* p.132「補足① Andante、Moderato と付加語・接尾辞について」を参照		
	assai	おおいに、じゅうぶんに、かなり、なかなかに	**Allegro assai**（おおいに速く）
	* p.133「補足② assai について」を参照		
	più	さらに、もっと	**Più Allegro**（いままでより速く）
意味を弱める	un poco	やや、少し	**Un poco Allegro**（やや速く）
	poco	わずかに、あまり〜でなく	**Poco Allegro**（わずかに速く）
	non troppo	過度に〜でなく	**Allegro ma non troppo**（速く、しかし速すぎぬように）
	non tanto	あまり〜でなく	**Allegro ma non tanto**（〃）
	meno	より少なく、あまり〜でなく	**Meno Allegro**（**Allegro** より遅く、または、いままでより遅く）
その他	di	〜の	**Tempo di Minuetto**（メヌエットのテンポで〔メヌエットの様式で〕）
	*ドイツ語の Menuett とイタリア語の minuetto を混合した **Tempo di Menuetto** という表記も、（厳密にいうと正しくないが）慣例上しばしばもちいられる。		
	ma	しかし	**Allegro ma non troppo**（速く、しかし速すぎぬように）
	quasi	〜のように	**Poco Adagio quasi Andante**（わずかに遅く、**Andante** のように）
	sempre	つねに	**Sempre Presto**（つねに急速に）

◉──接尾辞

種類	接尾辞	意 味	使用例
意味を強める	-ssimo	きわめて〜に	Adagissimo（きわめて遅く） Prestissimo（きわめて急速に）
意味を弱める	-etto	やや〜に	Allegretto（やや速く） Larghetto（やや遅く）
	-ino	〃	Andantino（Andante よりやや速く）

＊下記「補足① Andante や Moderato と付加語・接尾辞について」を参照。

補足

① **Andante** や **Moderato** と付加語・接尾辞について

　指示するテンポについて見解の相違や歴史的変遷がみられる **Andante** や **Moderato** のような速度標語に付加語や接尾辞がつく場合、とうぜんのことながら、それらの速度標語そのものの意味が正しく把握されていなければ、そこからどのように変わるのかは理解できない。**Andantino** が、**Andante** よりも速いのか遅いのか、という問題については先述のとおりだが（p.128 を参照）、molto や più、poco、meno などが付加される場合においても同様の注意が必要である。

　原則として、**Andante** がどちらかというと速めのテンポを意味した18世紀から19世紀初頭までは、molto や più はそれを強める効果（すなわち「より速く」）、poco や meno はそれを弱める効果（すなわち「より遅く」）を意味することが多い。たとえば、W. A. モーツァルト（Wolfgang Amadeus Mozart, 1756–1791）の《フィガロの結婚》第２幕フィナーレで、スザンナが衣装部屋から出てくる場面の **Molto Andante** は、あきらかに「速めのアンダンテ」を意味している[12]。

　いっぽう、19世紀のあいだに比較的遅めのテンポとしての **Andante** 理解が広まるにつれ、この順序が逆転し、molto や più はそれを強める効果（すなわち「より遅く」）、poco や meno はそれを弱める効果（すなわち「より速

---

[12]──こうしたケースは、**Andante** を「歩くくらいの速さ」と解した場合には意味不明となる好例である。

く」)を意味することが多くなり、今日にいたっている。

　ただし、上記はあくまで原則であり、あきらかに例外的なケースも少なくなく、正確な解釈のためには作曲家ごと、作品ごとの慎重な検討が必要である。

　Moderato については、**Andante** ほど付加語が付されることは多くないが、**Molto Moderato** という表記はしばしばみられる。これは **Moderato** のほんらいの語義に即して「ひじょうに抑制されたテンポで」と理解できるが、[13]そもそも **Moderato** がどんなテンポを基準としてそこから「抑えた」ものなのかがわからなければ、正確な理解にいたることはできない。これについても作曲家ごと、作品ごとの研究が必要である。

② assai について

　18世紀から19世紀初頭まで、assai には、強める程度の大きい「ひじょうに」という意味と、中程度の強めをあらわす「じゅうぶんに、かなり、なかなかに」といった意味の両方の解釈があった。たとえば L. v. ベートーヴェン（Ludwig van Beethoven, 1770–1827）は後者の意味で assai を使ったことが知られており、彼の Allegro assai は、原則として Allegro con brio や Allegro molto ほどには速くないテンポをさしている。

速度標語に転用された発想標語

　後述する発想標語のなかには、しばしば速度標語の代用としてもちいられるものがある。これらの標語が、速度標語としてもちいられる場合には、大文字で書きはじめられる。

例
a. 遅く
　Affettuoso　　　情趣豊かに、優しさをこめて
　Amoroso　　　　愛情をこめて

---

[13]──もし **Moderato** を、物理的な絶対速度の中間値という意味で「中くらいのテンポ」と捉えた場合、**Molto Moderato** という速度標語は意味不明となる。

Cantabile	歌うように
Maestoso	堂々と、威厳をもって
Meno mosso	あまり活発でなく
Mesto	悲しげに、嘆くように
Pesante	重々しく
Sostenuto	音の長さをじゅうぶんに保って
Tranquillo	静かに、平静に

b. 速く

Agitato	興奮して
Animato	活気づいて
Con moto	動きをもって、速く
Mosso	動いて、活発に、速く
Scherzando	たわむれるように
Spiritoso	活気をもって
Veloce	すばやく、敏速に
Vivo	生き生きと
Volante	飛ぶように、急速に

速度標語と発想標語の組み合わせ

　速度標語に発想標語を加えて楽曲の性格を規定することがしばしばおこなわれるが、これは同時にテンポの微妙な調節やニュアンスを暗示している場合が多い。たとえば、cantabile、grazioso、sostenuto などの付加はより遅めのテンポを、agitato、con brio、vivace などの付加はより速めのテンポを示唆する、などである。ただし、これらの付加語がじっさいにテンポの調節を意味しているのか、たんに表情やニュアンスを指示しているだけなのかについては、個々のケースごとの判断が必要である。

　なお、moderato や vivace など、単独で速度標語としてももちいられる単語が付加語としてもちいられた場合には、発想標語の役割をはたしているため、小文字書きにするのが通例である。

例
  Adagio mesto   悲しげな **Adagio**
  Andante sostenuto 引きずるような **Andante**
  Andante cantabile 歌うような **Andante**
  Andante maestoso 堂々とした **Andante**
  Andante con moto 動きをともなった **Andante**
  Allegretto grazioso 優雅な **Allegretto**
  Allegro moderato 抑制された **Allegro**
  Allegro vivace   生き生きした **Allegro**
  Allegro agitato   興奮気味の **Allegro**
  Allegro con brio 活気をもった **Allegro**

特殊なテンポ表示

◉──**Tempo giusto**

「正しいテンポ」の意。いくつかの異なった意味でもちいられる。

抽象概念としての適正テンポ

　18世紀までは、拍子と、使われる音価の範囲と、楽曲の性格が決まれば、その楽曲にふさわしいテンポ（= Tempo giusto）はおのずと定まる、という考え方が存在した。たとえば L. モーツァルトは、そのようなテンポ感を身につけていることが音楽家の必須条件だと述べている。じじつ、そのような共通感覚（＝常識）が当時の音楽家のあいだで共有されていた可能性はあるが、ことがらの性質上、数学的厳密さをもって規定できるものではなかったことは明らかである。

　この考え方の延長線上で、おのおのの楽曲スタイルにふさわしいテンポをさして **Tempo giusto** とよぶ習慣はその後も残った。たとえば、F. ショパン（Frédéric Chopin, 1810–1849）は彼のワルツのいくつかにこのテンポ表示をあたえているが、それは伝統的なワルツのテンポで、という意味であると考えられる。

中程度のテンポとしての Tempo giusto

　G. F. ヘンデルは彼のオラトリオのいくつかで **Tempo giusto** をテンポ表示としてもちいている。彼がもともとこの表示をあたえていた《メサイア（Messiah）》HWV56 の序曲を、のちに **Allegro moderato** に変更したことから察するに、彼にとって **Tempo giusto** は、ほどよく抑制された **Allegro** のテンポに近いものであっただろう。H. C. コッホ（Heinrich Christoph Koch, 1749–1816）の『音楽辞典』第 2 版（1865）で **Tempo giusto** が「一般にやや軽めの **Moderato**」と説明されていることも、**Tempo giusto** にたいするこうした理解があるていど共有されていたことを示唆する。

厳格な拍を守るという意味での Tempo giusto

　テンポ的に自由な部分のあとに、ふたたび厳格な拍にしたがった演奏に戻ることを指示するために使われる。この場合の **Tempo giusto** は、後述する **Tempo rubato**（p.137）と対極的な意味をもつ。

◉──楽曲のタイプ名によるテンポ表示

　舞曲など、身体運動に関連した楽曲タイプが、しばしばテンポの基準として選ばれる。この場合、演奏者には、それぞれがどのような身体運動であり、したがってどのようなテンポが適切なのかを知っていることが前提されている。

例
　Tempo di Marcia　　行進曲のテンポで（行進曲の様式で）
　Tempo di Minuetto　メヌエットのテンポで（メヌエットの様式で）
　Tempo di Gavotto　ガヴォットのテンポで（ガヴォットの様式で）
　Tempo di Valse　　ワルツのテンポで（ワルツの様式で）

◉──自由なテンポの表示

　一定の拍の進行にとらわれずにテンポを自由に増減させる演奏法は、ルネサンス時代より存在してきた。ときおり con discrezione / avec discretion（思慮深く、自由裁量にまかせて）といった標語でそういった演奏法がとくに指示されることもあったが、多くの場合、明確な指示がなくとも、楽曲のスタイルから、どこでそうした演奏法が必要かを音楽家は判断できる、ということが前提されていた。
　基本的にいって、厳格な拍にとらわれない演奏法には次の2種類が存在する。①一定の速さの拍にしたがった伴奏声部の上で、主声部がテンポを速めたり遅めたりする（楽曲全体としてのテンポは変化しない）。②拍の速さじたいが速くなったり遅くなったりする（楽曲全体のテンポが増減する）。
　遅くとも18世紀末以降、自由なテンポによる演奏にかんして **Tempo rubato**（盗まれたテンポ）という言葉がもちいられるようになったが、そのさい、大多数の人々はこの言葉でもって上記①のパターンが意味されていると理解していた。それは rubato が「盗む」という意味のイタリア語の動詞 rubare の過去分詞だからである。つまり、①のやり方は、ある小節において他の小節から「盗んだ」音価を次の小節で返すことで、楽曲全体としての平均的なテンポが一定に保たれることを意味している。このような **Tempo rubato** の理解は19世紀を通じて引き継がれていったが、もちろんその間にも②のパターンによる演奏法が存在しなかったわけではない。
　いっぽう、19世紀が進むうちに徐々に②のパターンについても **Tempo rubato** という言葉が使われることが増え、現在ではむしろこの言葉を②の意味でもちいるほうが主流となっている。
　なお、一定の拍の進行にとらわれず、自由にテンポを増減する演奏法（②のパターン）にたいしては **Senza tempo**（テンポなしで）という標語も使われる。
　また、**Tempo rubato** や **Senza tempo** の効力を解除し、一定の拍の進行にしたがった演奏に戻すためには **Tempo giusto**（正確なテンポで）や **In tempo**（テンポにしたがって）をもちいる。

◉──テンポを 2 倍にする場合

　テンポを、もとのテンポのちょうど 2 倍に速める場合、**Doppio movimento**（2 倍のテンポで）をもちいる（p.048 を参照）。

◉──途中で別のテンポに移ったあとで、もとのテンポに戻る表示

　Tempo primo（最初のテンポで）をもちいる。これは **Tempo Iº** や **Tempo I** と略記される場合もある（この場合の I はローマ数字の「1」であり、イタリア語の序数 primo〔第 1 の〕の略である）。

◉──前のテンポを引き続き維持する場合

　楽曲の途中で拍子が変わっても、基本的な拍の刻みの速さは前の部分のものが維持されることを示すために **L'istesso tempo**（同じテンポで）という表示がなされる（p.048 を参照）。

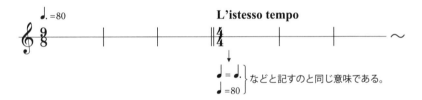

速度の局所的な変化

　ある楽曲や、その各構成部分の冒頭に掲げられた速度標語（大文字書き）が効力をおよぼしている範囲内で、局所的・一時的にテンポの変動が指示される場合がある。これらは速度標語とは異なり、小文字・イタリック（斜字）体で表記されるのが慣例である。

	変化のさせ方	記号
遅くする	ただちに遅くする	ritenuto（= riten.）＊ meno mosso
	しだいに遅くする	ritardando（= ritard., rit.） rallentando（= rall.）
	しだいに遅くするとともに、音量を弱めていく	calando morendo perdendosi smorzando
	しだいに遅くするとともに、音量を強めていく	allargando（= allarg.） largando slargando
速くする	ただちに速くする	più mosso più tosto
	しだいに速くする	accelerando（= accel.） stringendo（= string.）
変更前の速さに戻す		a tempo ＊＊

＊　*ritenuto* とほぼ同様の意味で *sostenuto*（= *sosten., sost.*）がもちいられることもある。
＊＊ *a tempo* とほぼ同様の意味で *in tempo* がもちいられることもある。

Tempo I と *a tempo* の違い

　多くの場合、この両者は次のように使い分けられている。楽曲の途中で、最初とは違う速度標語によって新しいテンポが設定されたのち、これを楽曲冒頭のテンポに戻すには **Tempo I** をもちいる（この場合、**Tempo I** は速度標語の代用である）。同一テンポ内部での局所的変化（*riten., rit., accel.* など）を解除し、その直前のテンポに戻すためには、*a tempo*（または *in tempo*）をもちいる。

よくもちいられる独仏語による速度標語

　速度標語は、本章の最初で述べたような理由により、イタリア語によるものが万国共通でもちいられているが、とくに19世紀の中ごろ以降、イタリア語以外の言語で記されることも増えていった。なかでも目にする機会の多いドイツ語とフランス語による速度標語のうち、比較的使用頻度が高いものを下記に示す。
　なお、対応するイタリア語も（ ）内に付記したが、言語によって微妙にニュアンスを異にする場合もあるので、あくまで目安として考えてほしい。

a.　遅く
　　Breit［独］　　　　　　　　幅広く（=**Largo**）
　　Gedehnt［独］　　　　　　　引き伸ばして、ゆっくり
　　Langsam［独］　　　　　　　ゆっくり
　　Lent, Lentement［仏］　　　=**Lento**
　　Lourd［仏］　　　　　　　　重々しく（=**Pesante**）
　　Schwer［独］　　　　　　　　重々しく（=**Pesante**）

b.　中間的なテンポ
　　Allant［仏］　　　　　　　　歩きつつ（=**Andante**）
　　Gehend［独］　　　　　　　　歩きつつ（=Andante）
　　Mäßig［独］　　　　　　　　適度に（=**Moderato**）
　　Modéré［仏］　　　　　　　　適度に（=**Moderato**）

c.　速く
　　Animé［仏］　　　　　　　　活気づいて（=**Animato**）
　　Bewegt［独］　　　　　　　　動いて（=**Mosso**）
　　Eilend, Mit Eile, Eilig［独］急いで
　　Gai, Gaiement［仏］　　　　快活に（=**Allegro**）
　　Lebhaft［独］　　　　　　　　生き生きと（=**Vivace**）
　　Rasch［独］　　　　　　　　急速に

Vite, Vitement［仏］		生き生きと（＝ **Vivace**）

d. 付加語
　assez［仏］　　　　　　じゅうぶんに、かなり（＝ assai）
　doch［独］　　　　　　しかし（＝ ma）
　etwas［独］　　　　　　やや、いくらか（＝ un poco）
　immer［独］　　　　　　つねに（＝ sempre）
　mais［仏］　　　　　　しかし（＝ ma）
　moins［仏］　　　　　　より少なく（＝ meno）
　nicht［独］　　　　　　～でなく（＝ non）
　peu［仏］　　　　　　ほんの少し，あまり～でなく（＝ poco）
　plus［仏］　　　　　　より多く（＝ più）
　sehr［独］　　　　　　ひじょうに（＝ molto）
　très［仏］　　　　　　ひじょうに（＝ molto）
　trop［仏］　　　　　　過度に、はなはだしく（＝ troppo）
　un peu［仏］　　　　　少し、やや（＝ un poco）
　wenig［独］　　　　　　ほんのわずか、あまり～でなく（＝ poco）
　weniger［独］　　　　　より少なく（＝ meno）
　wie möglich［独］　　　可能なかぎり（＝ possibile）
　ziemlich［独］　　　　かなり、そうとう（＝ assai）
　zu［独］　　　　　　　あまりにも（＝ troppo）

強弱記号

　演奏されるべき音の強さ（デュナーミク。独：Dynamik、英：dynamics）を、言葉やその略号、記号などであらわすのが強弱記号である。
　音の強さを言葉や記号で指示する試みは（グレゴリオ聖歌のネウマにおける単発的な試みを別とすれば）、V. カピローラ（Vincenzo Capirola, 1474–1548 以降）のリュート曲集（1517）に出てくる「tocca pian piano（ごくごく弱く弾け）」が初出とされる。その後、16世紀末ごろから弱い音と強い音の区別を指示する例が散見するようになる。たとえば1596年に出版された2つの曲

集、A. ボネッリ（Aurelio Bonelli, c.1569–1620 以降）の『3声のヴィラネッラ集』第 1 巻と、A. バンキエーリ（Adriano Banchieri, 1568–1634）の『4 声のカンツォーナ・フランチェーゼ』などで、Piano や Forte（およびその略記である P. や F.）という表示がみられる。また、1597年に出版された G. ガブリエーリ（Giovanni Gabrieli, 1554から1557ころ–1612）の『サクレ・シンフォニエ（Sacrae symphoniae）』（1597）に含まれる《ピアノとフォルテのソナタ（Sonata Pian e Forte）》は、一貫してピアノとフォルテの指示をもちいた初期の例としてあまりにも有名である。

その後、piano や forte によって強弱が指示されることは増えていくものの、多くの場合、エコー効果や、合奏におけるトゥッティ部分とソロ部分の明示、楽曲の一部における特殊効果など、必要におうじて記されるのが主で、音楽表現の本質的要素として一貫して記されることが多くなるのは古典派時代以降のことである。

いっぽう、音をしだいに強くしたり弱くしたりする表現については、G. カッチーニ（Giulio Caccini, 1551–1618）の『新音楽』（1601/1602）の序文や、G. ファンティーニ（Girolamo Fantini, 1600–1675）の『トランペット教本』（1628）に初期の言及があるものの、それらを表記する方法はバロック時代には一般に普及しなかった。しかし、J. J. クヴァンツ（Johann Joachim Quantz, 1697–1773）が『フルート奏法試論』（1752）のなかで、つねに強弱の変化をつけて演奏すべきことを述べているように、そのような演奏スタイルはけっして近代の発明ではない。

このようにバロック時代以前の楽譜に、強弱にかんする指示があまり多く書き込まれていないのは、そもそもそのようなことがらは楽曲のスタイルや性格から個々の演奏家がとうぜんに読みとるべきこととして、演奏家の思慮と裁量にゆだねられていたからである。

18世紀後半から末にかけて、今日までもちいられる強弱記号の大半が出そろう。それらの意味については、後述するような細かい問題を別とすれば、根本的な見解の相違や時期による変遷はなく、今日にいたるまでほぼ同様の意味合いで使いつづけられている。

とうぜんのことであるが、速度標語と同様、強弱記号もおおよその目安を示す指標であり、相対的なものである。つまり、f や p といった指示が、ある特定の絶対的な物理的音量を意味しているわけではない。正しい

音量の選択は、適切なテンポの選択と同様、それぞれの楽曲の様式にたいする正しい理解と、芸術的な感性にもとづいておこなわれなければならない。

●──強弱をあらわす基本的な記号

種類	読み方	意 味
ppp	piano-pianissimo, pianississimo	できるかぎり弱く
pp	pianissimo	きわめて弱く
p	piano	弱く
mp	mezzo piano	やや弱く
mf	mezzo forte	やや強く
f	forte	強く
ff	fortissimo	きわめて強く
fff	forte-fortissimo, fortississimo	できるかぎり強く

●──強さの変化

種類		読み方	意 味
徐々に変化させる	*cresc.*	crescendo	だんだん強く
	dim. *decresc.*	diminuendo decrescendo	だんだん弱く
急速に変化させる	*rf* *rin f* *rin fz*	rinforzando rinforzato	急速に強くする（きわめて短時間の crescendo）
とつぜん強さを変える	*fp*	forte piano	強く奏した直後に弱くする
	subito f *sub. f*	subito forte	ただちに強く
	subito p *sub. p*	subito piano	ただちに弱く

第 9 章 演奏記号

種類		読み方	意　味
特定の音を強調する	>　　∧	accento	これらの記号がつけられた音だけをとくに強く奏する
	fz　*sf*　*sfz*	forzando　forzato　sforzando　sforzato	
	rf　*rin f*　*rin fz*	rinforzando　rinforzato	

補足

① *rf* ／ *rin f* ／ *rin fz*（rinforzando ／ rinforzato）

「強める、増強する」という意味の動詞 rinforzare のジェルンディオ（動名詞や現在分詞に似たイタリア語の語形）および過去分詞である。がんらいは crescendo と同じようにしだいに音を強くする指示であるが、多くの場合 crescendo よりも短時間に（通常は 1 個から数個の音符の範囲内で）、急速かつ大幅に音量を増加させることが意味されている。しかし、ひとつの音もしくは数個の音からなる楽句（フレーズ）全体を強調して演奏する、という意味でも使われる。1 個の音のみを強調する場合には、*sf* ／ *fz* ／ *sfz* とほぼ同じ意味になり、じっさい、両者が区別なく使われている例も多い。その一方で、「爆発的」な強調を意味する *sf* ／ *fz* ／ *sfz* に対して、*rf* ／ *rin f* ／ *rin fz* はより控え目な強調を意味する、と述べる論者もあり、この用語の解釈についてはかならずしも明確な一致がみられない。

② アクセント記号（＞、∧）

＞は 18 世紀の終わりごろから使われはじめるが、最初のころは diminuendo ／ decrescendo を示す―――――とかならずしも明確に区別されていなかった。とくに L. v. ベートーヴェンや F. シューベルト（Franz Schubert, 1797–1828）の自筆譜においてこの 2 つを識別することはしばしば困難だが、比較的急速な diminuendo ／ decrescendo と解釈すべきことが多いとみられている。その一方で、早い時期から今日の意味での ＞ をも

ちいていた作曲家もけっして少なくはない。19世紀中葉以降、ほぼ今日的な意味でのアクセントとしての意味が完全に定着する。

いっぽう、∧ は19世紀前半からしだいに使われるようになったが、最初のうちは多くの場合、＞ よりも軽い、控えめな強調を意味していた。19世紀中葉くらいからはおおむねその意味が逆転し、＞ よりも強烈なアクセントを意味することが多くなった。

③ *sf* ／ *sfz* ／ *fz*（sforzando ／ sforzato ／ forzando ／ forzato）

「無理に力を加える」といった意味の動詞 sforzare および forzare のジェルンディオおよび過去分詞であり、多くの場合、どの語形もほぼ区別なく同じ意味で使われる。今日では ＞ や ∧ で示されるのよりもさらに強烈なアクセントを意味するものと解されるのがふつうだが、18世紀末から19世紀初頭にかけては、今日 ＞ のもとで理解されているのと同程度のアクセントを示すにすぎないことも多い。これは、当時まだアクセント記号としての ＞ がそれほど普及していなかったためである。たとえば W. A. モーツァルトは ＞ をあまり使わず、アクセントを要求するときには多くの場合 *sf* ／ *sfz* ／ *fz* をもちいている。

④その他のアクセント表示

一般にアクセント記号としては認識されていないが、後述するスタッカート記号（点・縦線・楔形(くさび)記号。p.151–152 を参照）や、テヌート記号（横棒）、あるいはこれらの組み合わせによって、アーティキュレーションだけでなく、じゃっかんのアクセントのニュアンスがこめられている場合も多い。

また、ひとつの音符の上につけられた ＜＞ は、ほんらいは crescendo してから diminuendo ／ decrescendo すること（＝ messa di voce。p.165を参照）を意味するが、忠実にこれを実行することが困難なほど短い音価や速いテンポの場合、またはピアノなどそもそもこうした表現が不可能な楽器にたいし指示されている場合には、独特のニュアンスをもつアクセントが意図されていると解すべきであろう。

発想標語

楽曲の性格や表情を示すための標語。伝統的にイタリア語が広くもちいられてきたが、近代ではその他の各国語もそれとならんでもちいられる。以下に、もっともひんぱんにもちいられる基本的な標語を、種類別に示す。

種類	標語	意味
静粛	calmando, calmato	静かに
	gentile	おだやかに、優しく
	misterioso	神秘的に
	placido	おだやかに、落ち着いて
	quieto	静かに、おだやかに
	sotto voce	声をひそめて
	tranquillo	静かに、平静に
重厚	grave	荘重に、重々しく
	pesante	重々しく、鈍重に
	pietoso	敬虔(けいけん)に、憐(あわ)れみ深く
	religioso	宗教的に
	serioso	まじめに、厳粛に
	sostenuto, sostenendo (= sosten., sost.)	音の長さをじゅうぶんに保って、引きずるように
悲哀	con dolore	痛ましく
	disperato	絶望して
	dolente	悲しげに
	doloroso	痛ましく
	elegiaco	悲歌ふうに
	flebile	嘆くように
	lacrimoso (= lagrimoso)	涙ぐんで、嘆くように
	lamentabile, lamentoso	悲しげに、嘆くように

種類	標 語	意 味
悲哀	*malinconico*	憂鬱(ゆううつ)に
	mesto	悲しげに、嘆くように
	patetico	悲壮に
優美	*amabile*	愛らしく
	amoroso	愛情豊かに
	con dolcezza	甘美に
	con grazia	優美に
	con gusto	よい趣味をもって、味わいをもって
	delicatamente, delicato	繊細に
	dolce	甘美に、やわらかく、愛らしく
	elegante	優雅に
	grazioso	優美に
	leggiadro	優雅に
	nobilmente	高貴に、上品に
	soave	甘美に、柔和に、優美に
	teneramente	優しく
表情	*affettuoso*	情趣豊かに、優しさをこめて
	cantabile	歌うように
	con espressione（= *espressivo*）	表情豊かに
	con sentimento	感情豊かに
	espressivo（= *espr.*）	表情豊かに
	lusingando	媚(こ)びへつらうように
	mormorando	つぶやくように、ささやくように
	parlando, parlante, parlato	話すように、語るように
	sospirando	ため息をつくように
	vacillando	ためらうように、不安定に

種類	標語	意味
素朴	*pastorale*	牧歌ふうに、田園ふうに
	rusticana, rustico	田舎ふうに
	semplice	単純に、素朴に
陽気	*giocoso*	おどけて、ユーモラスに
	gioioso	喜ばしく、陽気に
	scherzando	たわむれるように
快適	*comodo*	気楽に、快適なテンポで
	piacevole	ゆかいに、心地よく
自由	*ad libitum* ［羅］	随意に
	a piacere	随意に
	capriccioso	気ままに
華麗	*bravura*	奔放(ほんぽう)に、華麗に
	brillante	輝かしく、華やかに
壮大	*grandioso*	堂々と、壮大に
	maestoso	堂々と、威厳をもって
	pomposo	堂々と、壮麗に
活発	*animato*	活気づいて
	con anima	生気をもって
	con brio	活気をもって
	con moto	動きをもって、速く
	con spirito	活気をもって
	mosso	動いて、活発に、速く
	spiritoso	活気をもって
	vivace	活発に、速く
	vivo	生き生きと
軽快	*con leggierezza*	軽快・優美に
	leggiero, leggieramente	軽快かつ優美に

種類	標語	意味
急速	*rapido, rapidamente*	すばやく、急いで
	veloce	すばやく、敏速に
	volante	飛ぶように、急速に
強力	*con energia*	精力的に
	deciso	決然と
	energico	精力的に
	marziale	雄々しく、勇壮に
	risoluto	決然と
	vigoroso	力強く
激烈	*agitato*	興奮して
	appassionato	激情的に
	con calore	熱っぽく
	con fuoco	火のように、情熱的に
	con passione	情熱的に
	feroce	荒々しく、獰猛に
	impetuoso	激しく、激情的に
	passionato	情熱をはらんで
特定の様式	*alla marcia*	行進曲ふうに
	alla polacca	ポーランドふうに
	alla turca	トルコふうに
	alla zingarese（＝ *alla zingara*）	ロマ（ジプシー）ふうに

第 9 章　演奏記号

アーティキュレーション記号

　個々の音をどのように発音し、持続し、鳴り終わらせるのか、またひとつの音から別の音へ移るときのニュアンス（音どうしの結び方や切り方）はどうあるべきか、といった点にかんする演奏上の性格や表現のあり方を「アーティキュレーション（英：articulation。分節法）とよぶ。特定のアーティキュレーションを指定するためには、音符の上または下に特別な記号を付すか、語句を書き添える。
　アーティキュレーションはしばしば特定の楽器の奏法と密接に関連しており、とくにヴァイオリンなどの擦弦楽器においては運弓法、管楽器においてはタンギングの方法、鍵盤楽器においては打鍵法（タッチ）と対応する。
　スラーやスタッカートといったアーティキュレーション記号は17世紀ごろからしだいに使われはじめ、18世紀にごく一般的となったが、18世紀までの音楽においては、じっさいの演奏に必要なアーティキュレーションがかならずしもすべて事細かに書かれているとはかぎらない。もちろん、そのような場合でも、アーティキュレーションがまったく要求されていないわけではない。演奏家には、それぞれの楽曲のスタイルにふさわしいアーティキュレーションをつけて演奏することが期待されているのである。
　アーティキュレーションと似た概念に「フレージング」がある。これは楽句（フレーズ）単位の分節法についていうものであり、アーティキュレーションが比較的短い範囲（1個から数個の音符）についていわれるのに対し、フレージングは比較的長めの範囲（多くの場合、数小節単位）での分節法をさす。

◉──音を滑らかにつなげる（レガート）

記号	（楽譜）	
語句	*legato*	各音を滑らかにつなげて
	legatissimo	きわめて滑らかに

個々の音どうしを、切れ目なく、滑らかにつなげる奏法のことを「レガート（legato〔つなげられたの意〕）」という。レガート奏法を指示する弧線を「スラー（英：slur）」という。

　通常、スラーで結ばれた音は、擦弦楽器なら一弓で、管楽器なら新たなタンギングや息継ぎなしで演奏され、声楽なら歌詞の同一音節を引き伸ばして歌われる。

　スラーは、形状としてはタイと同じだが、タイが同じ音どうしを切れ目なくつないで音価を延長するのに対し、スラーの場合は通常異なる音どうしにつけられる点で区別される（p.037 参照）。ただし、スラーのなかで同じ音が2個以上連続する場合には、それら同音どうしにタイがかかっていると理解されるべきではなく、ほとんど切れ目を入れることなくそれらの音を演奏しなおす。

　通常数小節単位にわたる長いスラーはフレージングを示すもので、19世紀になってもちいられるようになった。これは、細かい単位での音の切り方、つなげ方よりはむしろ、楽曲の構成を明示することでアゴーギク（ごくわずかなテンポの加減）による表現の助けとするという要素が強い。[14]

◉──一音一音を切り離して演奏する（スタッカート）

記号	（譜例）
語句	*staccato*（= *stacc.*）　　各音を短く切って演奏する *staccatissimo*　　　　　　きわめて鋭いスタッカート *martellato*　　　　　　　　鋭くアクセントがつけられたスタッカート

　スタッカート（staccato）とは、「切り離す、分離する」という意味の動詞 staccare の過去分詞であり、ある音をその前後の音から切り離して発音することを意味する。スタッカートというと、よく「音を短く切る」指示と説明されるが、じっさいどのくらい「短く」するべきなのかは状況しだいでさまざまである。19世紀初頭までは、たんにレガートでないことを

---

[14]──なお、市販の楽譜で18世紀以前の音楽にフレージング・スラーが付されている場合、それらはほぼ例外なく編集者による付加であることに注意する必要がある。

示すにすぎない場合もある。

　スタッカートをあらわす記号としては、点（・）、縦棒（❘）、楔形（▼）の3種類がある。このうち、縦棒と楔形は、たんに印刷するさいのデザインのちがいであって、18–19世紀の作曲家の自筆譜ではその両者はほとんど明確に区別されていない。

　18世紀の理論家たちのあいだで、点のスタッカートと縦棒／楔形のスタッカートに意味上の区別があるかどうかにかんして意見は二分していた。しかし、一般的にいってこのころまでの作曲家（たとえばW. A. モーツァルトやL. v. ベートーヴェン）は、おおむねこの両者をほぼ区別せずに使っているように思われる。[15] F. シューベルトではやや区別がみられ、19世紀中葉以降になると、この両者が区別して使われることがより多くなる。ただし、両者がそれぞれ何をあらわしているかについて、19世紀の論者たちのあいだで明確な意見の一致はない。縦棒／楔形のスタッカートのほうが点のスタッカートより短いという意見やより強いアクセントがあるという意見、およびその両方とする意見などがみられる。とくに強い影響力をもったのが、L. アダン（Louis Adam, 1758–1848）の『音楽院ピアノ教本』（1804）に記された次の見解である。つまり、点のスタッカートは元の音符の半分、縦棒／楔形は4分の1、（次項で述べる）メゾ・スタッカートは4分の3の長さであるという（しかしアクセントについてはなにも述べられていない）。しかし、この見解が作曲家のあいだでどれほど広く共有されていたかは不明である。そもそも、どんな場合にもあてはまる特定の数値を規定することじたい無意味であり、せいぜいのところ目安程度に考えるべきであろう。

　なお、楔形の記号は、マルトレ（martelé）またはマルテッラート（martellato）とよばれる擦弦楽器の奏法（各音ごとに強く、鋭く弦を打つような弓づかい）を指示するためにも使われ、他の楽器でも同様な効果が意図されることもある。

---

[15]──もっとも、この点をめぐっては議論が続いており、研究者間で意見の一致があるとはいえない状態である。

◉──一音一音をやや切りぎみに奏する（ノン・レガート）

記号	（楽譜参照）		
語句	non legato mezzo legato legato staccato mezzo staccato portato	いずれも、レガートとスタッカートの中間 （音を一音ずつ、ごくやわらかく切る）	
	marcato（= marc.）	一音一音をはっきりと、強調して	
	leggiero	軽快に、撫でるように	
	tenuto（= ten.）	音を保って、音をじゅうぶん長く持続させて	

　スラーの下にスタッカートまたは音を保持するテヌートの記号（横棒）が記された場合、音と音とのあいだを軽く切って演奏することが意味されている。擦弦楽器であれば（とくにスラーにテヌート記号の場合）、ポルタート（portato。一弓のなかで、それぞれの音をわずかに切りながら奏する）が意味されている場合が多く、管楽器であればごくやわらかなタンギングがもちいられる。いずれの場合も、音と音とのあいだにどのていど切れ目を入れるかは状況しだいである。スラーにスタッカート記号の場合、擦弦楽器ではポルタートのほかにスラー・スタッカート（一弓のなかで弾くスタッカート）や、ソティエ（sautillé。跳ね弓、スピッカート〔spiccato〕とも）、リコシェ（ricochet。投げ弓）などの奏法を意味する場合もある（p.163を参照）。

　なお、スラーなしにテヌート記号のみが連続して使われた場合、それがつけられた各音が強調されることから、結果的に音と音とのあいだにじゃっかんの切れ目が入り、ノン・レガートの効果を生む。また、音価の多少の伸長（およびそれにともなうわずかなテンポの揺れ）をともなうこともしばしばである。この効果をある楽句全体に適用する場合には、*sostenuto*（*sosten.*, *sost.*）の語をもちいる。

これらはいずれも同様な効果を意図していると考えられる。

一般的な奏法上の指示

◉——アルペッジョ（arpeggio）

　和音を奏するさい、すべての構成音を同時に発音するのではなく、順次ずらして発音することをあらわす指示。下から上に向かうアルペッジョは で、上から下に向かうアルペッジョは で示される。

鍵盤楽器における両手にわたるアルペッジョの場合、下記のように、単一のアルペッジョと、両手に振り分けられたアルペッジョとが区別される。

　現在一般に、アルペッジョは拍と同時に弾きはじめられるべきとされているが、18世紀までの理論書にこの原則を明確に述べたものはない。しかし、この点は杓子定規に考えるべきではなく、音楽内容にそくして、そのつど適切に判断されるべきであろう。たとえば下記の「記譜されたアルペッジョ」とでもいうべき例においては、音楽的にみて主要な音が拍頭に置かれており、「アルペッジョ」はその拍の前で奏される。略記されたアルペッジョでも、場合によっては同様の奏法をとった方が音楽的に好ましい場合もあるだろう。

L. v. ベートーヴェン：ピアノ・ソナタ第14番 嬰ハ短調 作品27-2《月光》第3楽章より

　なお、波線記号を使わずに、語句（*arpeggio, arpeggiare, arpeggiato, arpeggiando, arp.*）を添えることでアルペッジョの奏法が指示されることもある。

記譜　　　　　　奏法（例）

　このように語句による指示の場合、とくに18世紀以前においてはしばしば、上記「奏法例」で示したような単純な奏法ではなく、次の例のように分散和音の音型を連続して奏することが意図されている場合がある。

J. S. バッハ:《半音階的幻想曲とフーガ》ニ短調　BWV903 より

　この例においては、*arpeggio* と記された小節の前半で記譜されているような分散和音の音型を、それ以降の部分でも続けるべきことが示唆されている。
　語句でアルペッジョが指示された楽句をどのように演奏するかについては、下記の例のように、あるていど奏者の裁量にゆだねられている場合も少なくない。

J. S. バッハ:ヴァイオリンとチェンバロのためのソナタ　第 2 番　イ長調　BWV1015
第 2 楽章より

　この例において、は下記のような解釈の可能性があるだろう。

◉──グリッサンド（glissando）、ポルタメント（portamento）、スライド（slide）

　2音間を、すばやく経過的に、滑らせるように演奏する奏法である。これには、①経過する個々の音高が別々に（半音階あるいは全音階状に）発音される奏法と、②完全に滑らかに、連続的に音高が変化してゆく奏法が区別される。①は鍵盤楽器やハープ、木琴など、固定的な音階しか演奏できない楽器において典型的にもちいられるが、速度しだいで弦楽器や管楽器でも可能である。②は、あるていどの音域にわたる場合には、声楽、フレットのないヴァイオリンなどの弦楽器、ホルン、トロンボーン、クラリネットなどにおいて可能である。

　①の奏法をグリッサンド、②をポルタメントあるいはグリッサンドとよぶ。スライドは、ポルタメントとほぼ同じ意味であるが、ごくわずかな、もしくはきわめて急速なポルタメントをさすことが多い。

　記号としては語句（*glissando = gliss., portamento = port.*）か、当該音符間に斜線や（グリッサンドの場合）波線、あるいは（ポルタメントの場合）スラーと斜線入りの小音符を組み合わせて示す。

①経過する個々の音高が別々に（音階状に）発音される奏法

②完全に滑らかに、連続的に音高が変化してゆく奏法

第9章　演奏記号　157

◉──トレモロ（tremolo, trem.）

同一音を反復する。（p.166「略記法」の「同音反復」を参照）。

反復音の音価については、以下の2とおりの奏法がある。

a. 記号の音価どおり反復する
b. できるだけ急速に任意の数だけ反復する（音符の上に *trem.* と記す）

または、3度以上離れた2音（またはそれ以上の数の音符）の急速な交代もトレモロという。

◉──弱音器の使用

① *con sordino*：弱音器を使用する
② *senza sordino*：弱音器の使用をやめる

◉──*attacca*：間を置かず、すぐ次へ続けて

segue も同じ意味である。

◉──フェルマータ（fermata）

　停止をあらわす。これが付された音符や休符の箇所で拍の進行を停止させ、その音符や休符を適宜延ばすことを指示する。音符のあいだや小節線の上に付された場合は、適宜間をあけることを意味する。曲の終わりの休符や終止線に付された場合は、たんに曲の終わりを意味する。

L. v. ベートーヴェン：ピアノ・ソナタ第7番 ニ長調 作品10-3 第1楽章

L. v. ベートーヴェン：ピアノ・ソナタ第1番 ヘ短調 作品2-1 第1楽章

J. ブラームス：《3つの間奏曲》第3番 嬰ハ短調 作品117-3

J. ブラームス：《8つのピアノ小品》第8番〈奇想曲〉ハ長調 作品76-8

このほか、フェルマータには次のような用法がある。

a. ダ・カーポ形式の曲などで、反復時にそこで楽曲が終止することを示す

J. S. バッハ：カンタータ第147番《心と口と行いと生活で》BWV147 第5曲
アリア〈イエスよ、道をつくりたまえ〉

　この例のように、終止を示すフェルマータが楽曲の途中の音符に付されている場合、最初にそこを通過するさいに、それを音符の長さを延ばす指示と混同してはならない。こうした誤解を避けるため、**Fine** の語が併記されることもある。

b. 協奏曲やアリアなどで、即興的なカデンツァの挿入を示唆する

W. A. モーツァルト：ピアノ協奏曲第27番 変ロ長調 K595 第1楽章

c. コラールなどでは、楽節（フレーズ）の区切り目を示す
　この場合、かならずしも拍の進行の停止（音符の延長）を意味しない。

J. S. バッハ：《マタイ受難曲》BWV244より コラール〈血潮したたる主の御頭〉

おもな楽器特有の奏法表示

◉──ピアノ

ダンパー・ペダル（右ペダル）の使用	℞.	ペダルを踏む
	✻	ペダルを上げる
	con pedale	適宜ペダルを使用して
	senza pedale	ペダルを使用せずに
グランド・ピアノの弱音ペダル（左ペダル）の使用	una corda（u.c.）	ペダルを踏む
	tre corde	ペダルを上げる
	tutte le corde	ペダルを使用せずに
演奏する手の指示	mano destra（m.d.）	右手で
	main droite（m.d.）［仏］	
	R.H. = right hand［英］	
	r.H. = rechte Hand［独］	
	mano sinistra（m.s.）	左手で
	main gauche（m.g.）［仏］	
	L.H. = left hand［英］	
	l.H. = linke Hand［独］	

◉──ヴァイオリン属

語句	奏法	
tiré, tirer, tirez［仏］、down［英］	下げ弓　⊓	
poussé［仏］、up［英］	上げ弓　∨	
legato	音をつなげて一弓で弾く	
détaché［仏］	一音ごとに弓を変える	
martelé［仏］（= martellato）	ハンマーで打つように強く突き放す、短い弓づかい	

語句	奏法
sautillé［仏］ （＝ saltando, saltato, spiccato）	弦の上で弓を軽く跳ねさせる弓づかい（跳ね弓）
ricochet（＝ jeté）［仏］	弓を弦の上に投げるようにし、一度の下げ弓で複数（ふつうは2つから6つ）の音をスタッカートふうに続ける弓づかい（投げ弓）
louré［仏］、portato	一弓のなかで複数の音をわずかに切る弓づかい
staccato	一弓のなかで細かく martelé をおこなう
pizzicato（＝ pizz.）	弦を指ではじく奏法
arco （＝ arcato, coll'arco, c.a.）	（とくに pizzicato のあとで）弓で弾く
col legno	木部で。弓の木部で弦を打つ（battuto）、もしくは擦る（tratto）奏法
sul ponticello（＝ sul pont.） （＝ au chevalet［仏］）	駒の付近で弾く
sul tasto, sulla tastiera, flautando, flautato （＝ sur la touche［仏］）	指板の上または近くで弾く（フルートの音のような効果）
posizione ordinario （＝ pos. ord., P.O.）	弓をもとの位置に戻して
sul G（G線上で）など	弦の指定
harmonics［英］、flageolet［仏］	倍音奏法。弦の長さを分割する特定の箇所に軽く触れることによって得られる、澄んだ笛のような音を倍音とよぶ。おおよそ次のように記譜される。

語句	奏法

a. 自然ハーモニクス
特定の開放弦（G 線など）で、完全 4 度ないしは完全 5 度の音（C あるいは D など）に軽く触れることで得られる。前者は開放音の 2 オクターヴ上、後者は 1 オクターヴと完全 5 度上のハーモニクス音が出る（譜例 a）。

同様に、開放弦上の倍音列の結節点に軽く触れることで得られる実音（通常第 2・第 3 倍音＝開放音の 1 オクターヴ上、1 オクターヴと完全 5 度上のハーモニクス音）をもちいる（譜例 a'）。

b. 人工ハーモニクス
特定の音をしっかり押さえ、同一弦上の完全 4 度ないしは完全 5 度上の音に軽く触れることで得られる。得られるハーモニクス音は（a）と同様。

a・b ともに、奏法を記譜する方法（押さえる音は実音符、軽く触れる音は菱形の記号）、得られる実音を記譜する方法（音符上に○を付す）、また前者に加えて、後者を括弧に入れて指示する記譜法がある。

●──管楽器

語句	奏法	
gestopft［独］、bouché, cuivré［仏］	ホルンの朝顔に右手を深く差し込み、音色やピッチなどを変える奏法（ストップ奏法）	ストップ奏法／通常の奏法に戻る
Flatterzunge［独］（= Flatter., Flat.）	フルートその他の管楽器で巻き舌による一種のトレモロ効果	
muta	調子を変えて（替管）、または楽器を持ち替えて	

●──打楽器

語句	奏法
roll［英］、Wirbel［独］	急速で任意の数からなる連打
coperto（= bedeckt［独］）	布で覆って。ティンパニなどに布をかぶせて奏する
laisser vibrer（= L.V.）［仏］	余韻を残して
étouffé［仏］	余韻を残さないよう、音をすぐに止める
muta	ティンパニで、音を変える指示
colla mano	（ばちでなく）手で

●──声楽

語句	奏法
Ｖ または ，	息継ぎ記号
mezza voce	半分の声で、抑えて
messa di voce	長めの音符を、前半ではしだいに強くし、後半はしだいに弱くしていく歌い方
bocca chiusa（= a bocca chiusa）（= à bouche fermée［仏］）	閉じた唇で、ハミングして

合奏における奏法上の指示

語句	奏法
a due（= a 2, due）	2人で同一の旋律を奏する
unisono（= unis.）	ユニゾンで。多人数で同一の旋律を奏する
colla parte（= col canto, colla voce）	主声部とともに。伴奏を主声部にあわせて奏する
divisi（= div.）	ある1声部が複数声部に分かれて奏する。div. in 2、div. in 3 など、分かれる声部数を記す場合もある
tutti（= ripieno）	全員による総奏
solo	単独で。独奏
Generalpause（= G.P.）［独］	総休止。全楽器による長い休止
tacet	沈黙。ある声部がある楽章や部分全体にわたって休むこと

略記法

◉——同音反復

符頭の音価＝小節全体の音価
連鉤(連桁)の音価＝各反復音の音価

　tremolo（できるだけ急速な任意の数の反復）ととくに区別するためには、*non tremolo*（= *non trem.*）と併記する（p.158「トレモロ」を参照）。

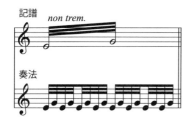

◉──同一音型の反復

⬤──*simile*（*sim.*）

「同様に」の意。

⬤──*sempre*

「つねに」の意。

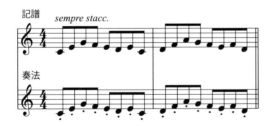

◉——オクターヴ高く、または低く

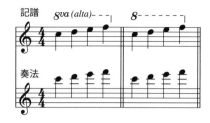

記譜されたとおりの音高に戻ることをとくに指示して注意をうながすには *loco* と記す。

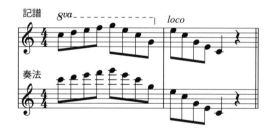

◉──オクターヴの重複

装飾音・装飾記号

　基本となる旋律にたいし、付加的・経過的な音などを加えて旋律を表情豊かに飾る手法を「装飾」とよぶ。装飾には、作曲家自身が音符で書きあらわしているものと、演奏者が独自にほどこすものとがある[16]。

　作曲家が自分の作品に装飾を織り込むさい、通常の音符で書きあらわす場合と、小節の拍数には算入されない小音符や種々の記号を付記する場合がある。本項では後者の小音符や記号について扱う。

　なお、以下では、主として18世紀中葉以降の装飾音・装飾記号について扱う。バロック時代以前については、国や時期ごとにそれぞれ独自の装飾法とその名称・記号があるので、それらを詳細に扱うことは本書の範囲を超える。その時代のレパートリーの演奏にとりくむさいには、個別の研究が必要である。

---

[16]──19世紀にいたるまで、修練をつんだ演奏家が、楽譜に書かれていない装飾をほどこして演奏することは広くおこなわれていた。

●——前打音と後打音

　主音符の前や後ろに記された小音符を、それぞれ「前打音」「後打音」という。小音符の音価にはさまざまなものがみられるが、その音価によって異なった演奏法が意図されているかどうかについてはケース・バイ・ケースであり、普遍的なルールはない。

　小音符の符尾はつねに上向きに記される。また今日、小音符と主音符とはスラーで結ぶのが正式とされるが、この規則は守られないことも多く、とくに19世紀までの楽譜では書かれていないことが多い。

　小音符が1個の前打音の場合、それが演奏される長さおよびアクセントの有無によって「長前打音」と「短前打音」が区別される。19世紀初頭ごろまでは、この両者を明確に書き分ける習慣が定着していなかったので、どちらが意図されているかは音楽的文脈により判断するしかない。[17]

　19世紀が進むにつれ、短前打音をあらわすために小音符の符尾に斜線を入れる習慣が普及し、いっぽう、長前打音は（小音符ではなく）通常の音符として書きあらわされるようになったため、混乱はしだいに少なくなっていった。

　なお、小音符が複数個からなる前打音は「複前打音」とよばれる。

長前打音（アポッジャトゥーラ〔appoggiatura〕）

　appoggiaturaとは、「もたせかける、寄り掛からせる」という意味の動詞appoggiareから来た言葉で、主音符にたいして寄り掛かるように、重みをもって強調され、主音符へとスムーズにつなげられる装飾を意味する。つまり、楽譜上の視覚的なイメージとは裏腹に、小音符と主音符の軽重の関係は「小音符＝重」「主音符＝軽」となる。

　長前打音は、主音符が記された拍節上の位置で、主音符から長さをもらって奏される。その長さについては、18世紀中葉に著されたJ. J. クヴァンツ、C. P. E. バッハ（Carl Philipp Emanuel Bach, 1714–1788）、L. モーツァル

---

[17]——D. G. テュルク（Daniel Gottlob Türk, 1750–1813）の『クラヴィーア教本』（1789／第2版：1802）には、両者の見分け方にかんする詳細な記述がある。もっとも、これはあくまでテュルク個人の考えを述べたものであり、個々の点をめぐっては異論もあったことを考慮したうえで参考にしなければならない。

トによる当時からひじょうに影響力の強い理論書では、次のようになっている。

a. 主音符が単純に 2 等分される場合→長前打音の音価は主音符の半分

b. 主音符が単純に 3 等分される場合→長前打音の音価は主音符の 3 分の 2

c. 主音符がタイでもうひとつの音符に結ばれていたり、主音符のあとに休符が続く場合→長前打音の音価は主音符の音価に相当する

後者の場合、休符の位置で主音符が奏される。

これらの説明は、その後の多くの理論書に引き継がれたが、b（主音符が 3 等分される場合）にかんしては、長前打音の音価は 3 分の 1 とする説と、状況によって 3 分の 1 と 3 分の 2 の両方がありうるという説も並行して

みられる。

　いずれにせよ、これらの説明はあくまで理論的なものであり、じっさいの演奏は（C. P. E. バッハもそう教えているように）、表現上の理由その他により大幅に柔軟かつ自由になされ、そのタイミングも厳密に拍節にしたがうとはかぎらなかったと考えられる。じっさい、しばしば上記の「理論」が規定するよりも短い音価で長前打音が演奏されていたと考えるに足る理由も少なからずある。また、18世紀も末に近づくにつれ、ますます多くの作曲家（たとえばW. A. モーツァルト）が、小音符の音価によって、じっさいに演奏すべき長前打音の長さを示唆するようになった。[19]

短前打音

　アクセントのない、きわめて短い装飾音で、前述のように、19世紀のあいだに、符尾に斜線の入った小音符で示されることが多くなった。

　短前打音が、主音符から音価をもらって拍頭で奏されるべきか、それとも先行する拍から音価をもらって主音符の拍の直前で奏されるべきかについては、長い論争の歴史があり、それはいまも続いているといえよう。

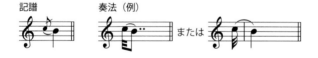

---

[18]──今日の目から見ると、なぜこのような音を通常の音符で記さず、小音符で記したのかは不可解に思えるかもしれない。長前打音は、多くの場合、不協和音程（倚音）となるが、古い作曲規則では予備のない不協和音程（倚音）を強拍に置くことは禁じられていた。そこで、最初は一種の便法として小音符で記したのである。また、拍頭には協和音が来るのが原則だったので、演奏者がみずからの判断で装飾をほどこすさい、拍頭にある不協和音程（つまり装飾音）が通常の音符で書いてあると、パート譜のみで演奏する場合、バス声部との和声的関係がわからず、装飾音にさらに装飾音をつけるという誤りをおかす恐れがあった。それを避けるために小音符で記す習慣が長らく続いたのである。

[19]──18世紀に広くもちいられた長前打音のうち、例外的に主音符の前の音から音価をもらって、拍の前で演奏されることがしばしばあったのが「3度のクレ（coulé de tierce, tierce coulée）」である。これは、下行する3度音程のあいだを埋める装飾音で、後続の音符にタイでつなげられていた。もっとも、これについても、あくまで拍頭で演奏されるべきという、逆の意見もあった。

しかし、一般に短前打音はひじょうに短く、しかもじっさいの演奏において そもそも「拍頭」がどこなのかは、厳密に物理的に確定されるというよりは、むしろ心理的な領域に属することがらなので、この問題に拘泥(こうでい)するのはあまり生産的とはいえないだろう。

複前打音

複数の音からなるアクセントのない装飾音で、きわめてすばやく奏される。短前打音と同様、主音符から音価をもらって拍頭で奏されるか、もしくは先行する拍から音価をもらって、主音符の拍の直前で奏される。

後打音

主音符の最後にすばやく奏される装飾音で、音価は主音符からとられる。

なお、後打音の特殊なケースとして、前述したポルタメントがある（p.157を参照）。

◉──トリルとターン

ある音符の上方や下方の隣接音とのあいだを往き来する装飾には、きわめて多くの様態があり、その種類によってさまざまな名称や記号がもちいられている。以下ではそのもっとも一般的で主要なものに絞って説明する。

トリル
主要音とその上方隣接音とのあいだで、急速に任意の回数繰り返される交代。記号は *t*、*tr*、*tr*〰〰 のほか、長短の波形 〰 (きわめて多くのヴァリエーションがある) や、その他多種多様な記号がもちいられた。

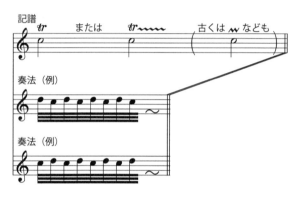

17世紀のトリル(最初のうちはグロッポとよばれていた)は主要音から始められることが一般的だったが、17世紀末から19世紀初頭にかけて、主要な理論書などでは上方隣接音から開始するのが通例とされていた。その一方で、18世紀後半以降、主要音開始が正しいとする意見も存在した。19

世紀には、最初のうち上方音開始が教えられていたが、しだいに主要音開始が通例とされるようになった。

　理論的には上記のとおりだが、装飾音の実施方法はその性質上、演奏家の趣味によるところが大きく、じっさいには18世紀後半から19世紀前半にかけて、表現上の必要におうじ、上方音開始とならんで主要音開始のトリルも少なからず演奏されていたと信じるに足る証拠がある。作曲家がどちらを望んでいたかを楽譜から一義的に読みとることは、多くの場合困難であり、それは演奏家の裁量にまかされていたと考えるべきである。

　上方音開始の場合、特別な指定（たとえば前打音の付記）がなくても、次のように、最初の上方音を一種の長前打音のように、少しアクセントをつけてめだたせることが教えられているように思われる場合も多いが、これはかならずしもつねに明確とはいえない。

　トリルの弾きおさめにかんしては、次のように後打音やターンをつけ加えるべきこともよく教えられているが、とうぜんながら、トリルの長さや、もちいられている音型によっては、つねに可能もしくは適切とはかぎらないだろう。

プラルトリラー（上方モルデント）

主音符と２度上の音とのあいだを急速に１回だけ往復する装飾音。

18世紀中頃までは、一般に ∿ はトリルをあらわすことが多いので注意が必要である。なお、プラルトリラーは、18世紀中頃、シュネラーという名称で広まり、その開始は主音符の拍頭にあった。おおむね19世紀初頭以来、拍の前で奏されるようになり、名称もプラルトリラーに変わった。

モルデント

主音符とその２度下の音とのあいだを急速に１回もしくは２回往復する装飾音。通常、開始は主音符の拍頭とされる。往復の回数は演奏者に任される。臨時記号は、かならずしも明記されるとはかぎらないので、奏者の判断でつけ加えてよい場合もある。

ターン

主音符を中心に「旋回」するような装飾音型。上方および下方の隣接音をへて主音符に戻る。隣接音から始めても、主音符から始めてもよい。隣接音は、上方を先に奏するのがふつうだが、逆向き（転回形）もありうる（これを「転回ターン」とよび、裏返しの記号 ∽ や縦型の記号 ζ によって示すこともあるが、このきまりはかならずしも徹底されていない）。

ターンは主音符の長さ全体にわたってもよいし（譜例 a）、前に寄せても良い（b）（いずれの場合も、記号は音符の真上に記される）。また、後打音のように後続音の直前に奏したり（c）、主音符を延ばしている途中に入れる場合もある（d）（これらの場合、記号は主音符と後続音符の中間に記される）。

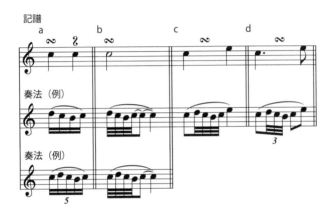

転回ターンの例

隣接音が半音階的に変化する場合は、下記のように記号の上もしくは下に♯あるいは♭を記す。

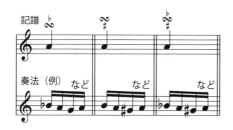

あとがき

東京藝術大学大学院音楽研究科
ソルフェージュ講座主任
照 屋 正 樹

　明治政府が西洋音楽受容のために音楽取調掛(とりしらべがかり)を設置したのは1879年（明治12）のことですが、「はじめに」にもありますように、その４年後の1883年（明治16）には文部省から初の『楽典』が刊行されています。西洋楽譜の読み書き普及のため、楽典の刊行は急務だったと思われます。音符の「はた」を見て、記号を意味する「符」とＬ字形のカギを意味する「鉤」を組み合わせて「符鉤」と命名するなど、まったく新しい音楽用語を生み出し解説しようとした当時の人々の努力と熱意は、どれほどのものであったでしょうか。

　昨今、クラシック音楽は人々から渇望される存在ではなくなりつつあるように感じます。また、コンピュータ技術を活用したさまざまなソフトウェアの開発やインターネットの普及など、テクノロジーの発達によって手軽に音楽を楽しむことができるようになった反面、長い伝統の上に立脚した西洋音楽の本質が理解されにくくなっているようにも思われます。

　こうした社会情勢のもと、音楽取調掛をルーツとし、2017年に創立130周年を迎えた東京藝術大学音楽学部と同附属音楽高等学校の教員により、まったく新しい楽典を刊行することとなりました。

　楽典は楽譜の読み書きの規則集ですから、新しい事項が記載されているわけではありませんが、各執筆者の教授経験から導き出された正確で理解しやすい説明、事項の配列などに細かい配慮をほどこしてあります。西洋音楽を受容し、しだいにそれを自由に使いこなせるようになり、さらに音楽全般を手軽に扱うことがあたりまえになった現代──その変遷のなかで失われてしまったものをふたたび取り戻すため、時代に即しながらも「標準的な楽典」として初心に還ることをめざしました。

本書は音楽の基礎の修得を目的としつつ、次の段階——すなわちソルフェージュ、そしてさらには和声をはじめとする音楽理論への橋渡しの役割をじゅうぶんに果たすものとなっています。音楽を専門に学ぶ人々だけでなく、音楽愛好家のみなさんにも広く親しんでいただけることを願っています。

　末筆ですが、この出版企画に賛同し、編集の労をとってくださったアルテスパブリッシングの木村元氏に、著者を代表して感謝の意を申し述べたいと思います。

2019年2月

付録　演奏用語一覧

執筆：大角欣矢

大角著『ポケット楽典』（音楽之友社、2001）掲載の「付録　演奏用語一覧」をもとに加筆・再編集した。

太字はとくに基本的で重要な語を示す。

A

a	〜に、〜で、〜まで
abbandonamente	夢中になって
abbandone	→ abbandonamente
abandonné［仏］	自由に、制限なしに
a battuta	拍子に従って
abdämpfen［独］	→ con sordino
a bene placito	随意に（とくにテンポにかんして）
abnehmend［独］	しだいに静まって（= diminuendo）
abstoßen［独］	→ détaché［仏］
Abstrich［独］	→ tiré, tirer, tirez［仏］
a capriccio	随意に（= capriccioso）
accarezzevole	愛撫するように
accelerando（accel.）	しだいに速く（= accélérer［仏］）
acceso	燃えて、火のように
à duex［仏］	→ a due
accusé［仏］	強調して（= marcato）
adagietto	adagio よりやや速く
adagio	遅く
adagissimo	きわめて遅く
ad libitum［羅］	随意に
a due（= a 2, due）	2 人で同一の音を奏する
affabile	快適に、心地よく
affannato	心配そうに、悲しげに
affannoso	苦しげに、悲しげに
affettuoso	情趣豊かに、優しさをこめて
affrettando	急いで
agevole	軽やかに、楽に
agiato	愉快に、気楽に
agiatamente	→ agiato
agile	→ agilmente
agilmente	軽快に
agitato	興奮して（= agité［仏］）
ähnlich［独］	→ simile

al fine	終わりまで
alla	〜ふうに
alla marcia	行進曲ふうに
alla mente	即興で
alla misura	拍子を厳格に守って
allant [仏]	歩きつつ（= andante）
alla polacca	ポーランドふうに
allargando（**allarg.**）	しだいに幅広く（多くの場合 crescendo をともなって）
alla turca	トルコふうに
alla zingarese （= **alla zingara**)	ロマ（ジプシー）ふうに
alle [独]	→ tutti
allein [独]	→ solo
allegramente	快活に（= allégrement [仏]）
allegretto	allegro よりやや遅めに
allegro	速く
allegro moderato	やや速く
allentamente	→ allentando
allentando	しだいに遅くして
allmählich [独]	徐々に（= gradatamente）
al loco	→ loco
all'ongarese, all'ungherese	ハンガリーふうに
all'unisono	ユニゾンで。多人数で同一の旋律を奏する
al'ottava	→ ottava
al segno	記号まで
amabile	愛らしく
amarevole	苦々しく
a mezza voce	→ mezza voce
amorevole	愛情をこめて
amoroso	愛情豊かに
ancora	ふたたび、よりいっそう
andante	歩むようなテンポで
andantino	andante よりやや速く（場合によってはやや遅く）
angosciosamente	→ angoscioso
angoscioso	不安げに
ängstlich [独]	→ angoscioso
animando	→ animato
animato	活気づいて
animé [仏]	→ animato

	anmutig［独］	優美に
	anschwellend［独］	→ crescendo
	aperto	開かれた。（ホルンで）ストップをやめる
	a piacere	随意に（とくにテンポについて）
	appassionato	激情的に
	appuyé［仏］	強調して
	a punto d'arco	弓先で（= colla punto dell'arco）
	arcato	→ arco
	arche［仏］	→ arco
	arco	弓で弾く（とくにピッツィカートの後で）
	arco in giù	→ tiré, tirer, tirez［仏］
	arco in su	→ poussé［仏］
	ardente	燃えるように
	ardito, arditamente	大胆に
	armonico	倍音で、ハーモニックス（フラジョレット）で
	arpège［仏］	→ arpeggio
	arpègement［仏］	分散和音で
	arpeggiando (arp.)	（弦楽器で）分散和音を弾く弓使い
	arpeggiato	→ arpeggiando
	arpeggio, arpeggiare (= **arp.**)	分散和音で
	arraché［仏］	力強いピッツィカート
	assai	多く、ひじょうに
	assez［仏］	じゅうぶんに、かなり（= assai）
	a tempo	テンポで。もとのテンポに戻って
	attacca	間をおかず、すぐ次へ続けて
	au chevalet［仏］	→ sul ponticello
	aufgeregt［独］	興奮して（= agitato）
	Aufstrich［独］	→ poussé［仏］
	au mouvement［仏］	もとのテンポで
	ausdrucksvoll［独］	→ espressivo
	au talon［仏］	（弦楽器で）ナットのところで弾く
	avec［仏］	→ con
	avec sourdine［仏］	→ con sordino
B	barbaro	野蛮に
	bedächtig［独］	落ち着いて、慎重に
	bedeckt［独］	→ coperto
	beklemmt［独］	不安げに、息苦しそうに

	belebend [独]	活気づいて（= belebt [独]）
	ben, bene	よく、じゅうぶんに
	beruhigend [独]	静まって（= beruhigt [独]）
	bestimmt [独]	決然と
	betont [独]	強調して
	bewegt [独]	→ mosso
	bien [仏]	→ ben
	bis	2回。指定された小部分を2回奏する
	bisbigliando	（ハープで）手をすばやく前後に動かし、柔らかいトレモロの効果を出す（= flüsternd [独]）
	bouché [仏]	→ gestopft [独]
	bocca chiusa (= a bocca chiusa)	唇を閉じて、ハミングして（= bouche fermée [仏]）
	bouche fermée	→ bocca chiusa
	bravura	奔放に、華麗に
	breit [独]	幅広く（= largo）
	brillante	輝かしく、華やかに
	buffo	滑稽に
C	ca.（= circa）	約、おおよそ
	c. a.	→ col 'arco
	calando	しだいに弱くするとともに、テンポを遅くして
	calmando, calmato	静かに
	cantabile	歌うように
	cantando, cantante	歌って
	capriccioso	気ままに（= caprice [仏]）
	carezzando	愛撫するように（= caressant [仏]）
	c. b.	→ col basso
	c. d.	→ colla destra
	cédez [仏]	しだいに遅く
	celere	速く
	chantant [仏]	歌うように（= cantando）
	chiaramente	はっきり、明確に
	chiuso	→ gestopft [独]
	c. o.	→ coll'ottava
	col basso（= c. b.）	バス（コントラバス）とともに
	col canto	→ colla parte
	colla destra	右手で
	colla mano	（打楽器で、ばちでなく）手で

colla parte	主声部とともに。伴奏を主声部に合わせて奏する（= col canto, colla voce）
colla punto dell'arco	→ a punto d'arco
coll'arco（= c. a.）	（ピッツィカートの後）弓で（= arco）
colla sinistra	左手で
colla voce	→ colla parte
col legno	（弦楽器で）木部で。弓の木部で弦を打つ、もしくは擦る奏法
coll'ottava	オクターヴとともに
come	〜のように
come prima	最初のように
come sopra	上のように
come stà	書かれてあるとおりに（すなわち装飾なしで）
comodo	気楽に、快適なテンポで
con	〜とともに
con affetto	情感をこめて
con allegrezza	→ allegramente
con amore	→ amorevole
con anima	生気をもって
con ardore	熱気をもって
con bravura	奔放に、華麗に
con brio	活気をもって
con calore	熱っぽく
concitato	興奮して
con delicatezza	繊細に
con dolcezza	甘美に
con dolore	痛ましく
con energia	精力的に
con espressione	表情豊かに（= espressivo）
con fuoco	火のように、情熱的に
con garbo	上品に、優雅に
con grazia	優美に
con gusto	よい趣味をもって、味わいをもって
con lancio	躍動して
con leggierezza	軽快・優美に
con melanconia	憂鬱に
con moto	動きをもって、速く
con passione	情熱的に
con pedale（= con ped.）	ペダルを使って

付録　演奏用語一覧　**187**

	con sentimento	感情豊かに
	con sordino（= con sord.）	弱音器を使って
	con spirito	活気をもって
	con tenerezza	優しさをこめて
	con tutta la forza	全力をこめて
	coperto	（ティンパニなどで）布で覆って（= bedeckt［独］）
	crescendo（= cresc.）	しだいに強く
	croisez［仏］	両手を交差させて
	c. s.	→ colla sinistra
	cuivré［仏］	→ schmetternd［独］
D	da capo（= D. C.）	曲の始めから
	dal segno	記号から
	D. C.	→ da capo
	décidé［仏］	→ deciso
	deciso	決然と
	decrescendo（= decresc.）	しだいに弱く（= diminuendo）
	dehors［仏］	→ en dehors
	delicatamente, delicato	繊細に
	délié［仏］	各音を互いに離して
	delizioso	甘美に、うっとりと
	démancer［仏］	（弦楽器で）ポジションを変えて
	détaché［仏］	（弦楽器で）1音ごとに弓を変える
	deutlich［独］	はっきりと
	deux［仏］	→ a due
	di	〜の
	diluendo	消えるように
	diminuendo （= dimin., dim.）	しだいに弱く（= decrescendo）
	disperato	絶望して
	divisi（= div.）	ある1声部が複数声部に分かれて奏する
	doch［独］	しかし（= ma）
	dolce	甘美に、柔らかく、愛らしく
	dolcissimo	きわめて甘美に
	dolente	悲しげに
	doloroso	痛ましく
	doux（= doucement）［仏］	→ dolce
	douloureux［仏］	→ doloroso
	drängend［独］	切迫して

	dringend［独］	急いで
	D. S.	→ dal segno
	due	→ a due
	due corde	2弦で。グランドピアノの左ペダルを半分踏む
	duramente	硬めに
E	e, ed	〜と、そして（= et［仏］、und［独］）
	éclatant［仏］	きらめくように
	eilend （= eilig、mit Eile）［独］	急いで
	ein wenig	→ un poco
	élargissant［仏］	→ allargando
	elegante	優雅に（= élégant［仏］）
	elegiaco	悲歌ふうに
	empressé［仏］	熱狂的に、急いで
	ému［仏］	感動して
	enchaînez［仏］	間をおかずに続けて（= segue）
	en dehors［仏］	浮き立たせて、目立たせて
	energico	精力的に
	en mourant［仏］	しだいに消えるように
	entschlossen［独］	決然と（= risoluto）
	erhaben［独］	崇高に
	erlöschend［独］	→ estinguendo
	ermattend［独］	疲れたように
	eroico	英雄的に
	ersterbend［独］	死んでゆくように
	esitare, esitando	ためらって、躊躇して
	estinguendo	消えてゆくように
	espressivo（= **espr.**）	表情豊かに
	estinto	消えた。ほとんど聴こえないほど弱く
	estompé［仏］	やわらげて、ぼかして
	éteint［仏］	→ estinto
	étouffé［仏］	音を殺して。(打楽器で)残響をすぐに止める
	etwas［独］	やや、いくらか
	expressif［仏］	→ espressivo
F	*f*	→ forte
	facile, facilmente	易しく、単純に
	fastoso	豪奢に、盛大に

feierlich ［独］	荘厳に
feroce	荒々しく、どう猛に
festozo	愉快に、浮かれて
feuerig ［独］	火のように
ff	→ fortissimo
fff	→ forte-fortissimo, fortississimo
ffz	→ forzatissimo
fin'al segno	記号まで
fine	終わり（= fin ［仏］）
flageolet ［仏］	→ armonico
Flatterzunge (= Flatter., Flat.) ［独］	フルートなどの管楽器で、巻き舌による一種のトレモロ効果
flautando, flautato	フルートのように。弦楽器で、指板の上または近くで弾く（= sulla tastiera）
flebile	嘆くように
flieend ［独］	流れるように
flüßig ［独］	流暢に
flüsternd ［独］	→ bisbigliando
forte	強く（= *f*）
forte-fortissimo	可能なかぎり強く（= *fff*）
fortepiano	強く、そしてすぐに弱く（= *fp*）
fortissimo	きわめて強く（= *ff*）
fortississimo	→ forte-fortissimo
forzando, forzato	強勢をつけて（= *fz*）
forzatissimo	ひじょうに強く強調して（= *ffz*）
fresco	新鮮に
frettevole, frettoso, frettoloso	急いで
fröhlich ［独］	楽しげに
funebre	葬送ふうの、暗い
furioso	狂おしく
fz	→ forzando, forzato

G

gai, gaiement ［仏］	快活に
garbatamente	上品に、優雅に（= con garbo）
gedämpft ［独］	弱音器をつけて（= con sordino）
gedehnt ［独］	引き伸ばして、ゆっくり
gefällig ［独］	快い、楽しげな
gefühlvoll ［独］	感情豊かに

gehalten［独］	音を保って（＝ sostenuto）
gehaucht［独］	ささやくように
geheimnisvoll［独］	神秘的に
gehend［独］	歩きつつ（＝ andante）
gelassen［独］	静かに、落ち着いて
gemächlich［独］	落ち着いて、気楽に
gemäßigt［独］	穏和に、中庸に（＝ moderato）
gemendo	うめくように、苦しげに
gemessen［独］	正確に、厳密に
Generalpause（G. P.）［独］	総休止。全楽器による長い休止
gentile	穏やかに、優しく
gesangvoll［独］	よく歌って（＝ cantabile）
geschwind［独］	すばやく
gesteigert［独］	しだいに強めて（＝ crescendo, rinforzando）
gestopft［独］	（ホルンで）ストップして
geteilt［独］	分かれて（＝ divisi）
getragen［独］	音を保って、ゆっくり、厳かに
gewöhnlich［独］	（特殊な奏法の後で）普通に
gezupft［独］	指で弾いて（＝ pizzicato）
giocoso	おどけて、ユーモラスに
gioioso	喜ばしく、陽気に
giustamente	→ giusto
giusto	正しく、正確に
glänzend［独］	輝かしく（＝ brillante）
gleichmäßig［独］	一様に
gli altri	他の者、独奏者以外
glissando（＝ **gliss.**）	2音間をすばやく連続的に（通常、音階状に）滑らせるように演奏する
glissé［仏］	→ glissando
G. P.	（オルガンで）grand orgue と positif をつないで
G. R.	（オルガンで）grand orgue と récit をつないで
gracieux［仏］	→ grazioso
gracile	繊細に
gradatamente	徐々に
grandioso	堂々と、壮大に
grand orgue（＝ G. O.）［仏］	大オルガン、ハウプトヴェルク
grave	荘重に、重々しく（＝ gravement［仏］）
grazioso	優美に

H	hardi［仏］	大胆に
	heftig［独］	激しく
	hervorgehoben［独］	際立たせて
	herzlich［独］	心をこめて
	höchst［独］	きわめて
	H.W.［独］	（オルガンで）ハウプトヴェルクで（= Hauptwerk［独］）
I	il più	最もはなはだしく
	immer［独］	→ sempre
	impetuoso	激しく、激情的に（= impétueux［仏］）
	im Takt［独］	→ in tempo
	incalzando	急迫して
	indeciso	あいまいに
	innig［独］	心から、情愛をこめて
	inquieto	不安げに、落ち着きなく（= inquiet［仏］）
	in tempo	テンポどおりに
	istesso tempo	→ l'istesso tempo
J	jeté［仏］	→ ricochet［仏］
K	kantabel［独］	→ cantabile
	klagend, kläglich［独］	嘆きつつ、嘆くように
	klingend, klingt wie notiert［独］	実音で。記譜されているとおりの音で
	kräftig［独］	力強く
L	**lacrimoso**（= **lagrimoso**）	涙ぐんで、嘆くように
	lamentabile, lamentoso	悲しげに、嘆くように
	la meta	半分の楽員で
	langsam［独］	ゆっくりと
	langsamer［独］	よりゆっくりと
	largamente	幅広く（= largo）
	largando	→ allargando
	larghetto	largo よりもやや速く
	largo	幅広く、ゆっくりと
	laisser vibrer（= L. V.）［仏］	余韻を残して
	laut［独］	声高に
	lebendig［独］	生き生きと
	lebhaft［独］	快活に（= vivace）

legatissimo	最もなめらかに音をつないで
legato	なめらかに音をつないで
légè, légère［仏］	→ leggiero
leggiadro	優雅に
leggiero, leggieramente	軽快かつ優美に。軽いノンレガートの一種
leicht［独］	軽く、快活に
leidenschaftlich［独］	情熱的に（= passionato）
lentando	しだいにゆるやかに
lento, lentamente	ゆっくりと（= lent, lentement［仏］）
lentissimo	きわめてゆっくりと
L. H.［英］	→ left hand［英］ 左手で（l. H. = linke Hand［独］）
lié［仏］	→ legato
lieto, lietamente	喜ばしく、陽気に
lieve, lievemente	軽やかに
l'istesso tempo	同一のテンポで
loco	もとの位置で（8vaの指示により、オクターヴ高くもしくは低く奏した後で、記譜どおりの高さに戻す指示）
lontano	遠く、かすかに
lo stesso tempo	→ l'istesso tempo
lourd［仏］	重く
louré［仏］	（弦楽器で）一弓の中で複数の音をわずかに切る弓使い（= portato）
lugubre	嘆くように
lungo	長く
lusingando	媚びへつらうように
lustig［独］	楽しげに、愉快に
L. V.［仏］	→ laisser vibrer［仏］

M

ma	しかし
maestoso	堂々と、威厳をもって
main droite（= m. d.）［仏］	右手で
main gauche（= m. g.）［仏］	左手で
mais［仏］	→ ma
malinconico	陰鬱に
ma non troppo	しかし、あまりはなはだしくなく
manualiter（= man.）［羅］	（オルガンで）手鍵盤で
mancando	しだいに衰えるように
mano destra（= m. d.）	右手で
mano sinistra（= m. s.）	左手で

marcato（= **marc.**）	はっきりと、強調して（= markiert［独］、marqué［仏］）
markig［独］	力強く、きびきびと
martelé［仏］	（弦楽器で）ハンマーで打つように強く突き放す、短い弓使い（= martellato）
martellato	ハンマーで打つような強いスタッカート
marziale	雄々しく、勇壮に
mäßig［独］	→ moderato
m. d.	→ mano destra, main droite［仏］
medosimo tempo	同じテンポで
même［仏］	→ simile
meno	より少なく、あまり〜でなく
meno mosso	より遅く
messa di voce	（声楽で）長めの音符を、前半でしだいに強くし、後半はしだいに弱くしてゆく歌い方
mesto	悲しげに、嘆くように
mezzo, mezza	半分の
mezzo forte	やや強く
mezzo piano	やや弱く
mezza voce	半分の声で、抑えて
mf	→ mezzo forte
m. g.	→ main gauche［仏］
minaccioso	脅かすように、切迫して
misterioso	神秘的に
mit［独］	〜とともに（= con）
mit Ausdruck［独］	→ con espressione
mit Dämpfer［独］	→ con sordino
mit Eile［独］	急いで
mit Empfindung［独］	情感をこめて
mit Feuer	→ con fuoco
M. M. （= **Mälzels Metronom**［独］）	メトロノーム記号
moderato	中庸の速さで（= modéré［仏］）
moins［仏］	→ meno
molto	ひじょうに
morendo	絶え入るように、しだいに弱くかつ遅く
mormorando	つぶやくように、ささやくように
mosso	動いて、活発に、速く
mouvementé	動きをもって、活発に
mp	→ mezzo piano

	m. s.	→ mano sinistra
	munter［独］	元気よく、陽気に
	muta	（ティンパニの）音を変えて、（管楽器の）替管を替えて、楽器を持ち替えて
	mysterieux［仏］	→ misterioso

N
- nachdrücklich［独］ 強調して
- nachlassend［独］ テンポをゆるめて
- nicht［独］ 〜でなく
- **nobilmente** 高貴に、上品に
- **non** 〜でなく（＝ nicht［独］）
- non legato レガートでなく
- non tanto あまり〜ではなく
- non tremolo（＝ non trem.） トレモロでなく（同音反復の略記法において、正確に示された音価にしたがって一定数の音符を奏する指示）
- non troppo 過度に〜ではなく

O
- ohne［独］ 〜なしに（＝ senza）
- ohne Dämpfer［独］ 弱音器なしで（＝ senza sordino）
- orageux［仏］ 嵐のように
- **ossia** または（楽譜において、選択可能な書き替え）
- **ottava**（＝ **8va**） オクターヴ
- ottava alta（＝ ottava sopra） オクターヴ高く
- ottava bassa（＝ ottava sotto） オクターヴ低く

P
- *p* → piano
- pacato 平静に、穏やかに
- **parlando, parlante, parlato** 話すように、語るように
- **passionato** 情熱をはらんで（＝ passioné［仏］）
- **pastorale** 牧歌ふうに、田園ふうに
- pastoso 柔らかく、豊醇に
- **patetico** 悲壮に（＝ pathétique［仏］、pathetisch［独］）
- **pedale**（＝ **ped.**） ピアノの右ペダルを使う
- pedaliter（＝ ped.）［羅］ （オルガンで）足鍵盤で
- **perdendosi** 消え入るように
- **pesante** 重々しく、鈍重に
- peu［仏］ → poco
- **piacevole** 愉快に、心地よく

piangendo	泣くように
pianissimo	きわめて弱く（= ***pp***）
pianississimo	→ piano-pianissimo
piano	弱く（= ***p***）
pianoforte	弱く奏した直後に、強くする
piano-pianissimo	可能なかぎり弱く（= ***ppp***）
pietoso	敬虔に、憐れみ深く
più	より多く、さらに、もっと（形容詞・副詞に冠して比較級を作る）
più mosso	より速く
piuttosto	むしろ、どちらかというと
più tosto	より速く
pizzicato（= **pizz.**）	（弦楽器で）弦を指で弾く奏法
placido	穏やかに、落ち着いて
plaisant [仏]	心地よく
plaqué [仏]	（アルペッジョでなく）和音を同時に弾く
plein-jeu [仏]	フル・オルガンで
plus [仏]	→ più
poco	少し、あまり〜でなく
poco a poco	少しずつ、だんだんに
poi	後で、それから
pomposo	堂々と、壮麗に
portamento（= **port.**）	ある音から他の音へ、滑るように連続的に音高を変化させる奏法
portato（= portando）	音を一音ずつ柔らかく切って演奏する。スタッカートとレガートの中間のアーティキュレーション。弦楽器では、一弓のなかで複数の音をわずかに切る弓使い。
posément [仏]	→ tranquillo
posizione ordinario (= pos. ord., P. O.)	（弦楽器で）弓をもとの位置に戻して
possibile	できるだけ
poussé [仏]	（弦楽器で）上げ弓
pp	→ pianissimo
ppp	→ piano-pianissimo, pianississimo
P. R.	（オルガンで）positif と récit をつないで
precipitando, precipitato	性急に
pressante	急迫して
prestissimo	きわめて速く

	presto	速く
	prima volta	1 回目、1 番括弧
	pronto	すばやく
	punta d'arco	弓先で
Q	**quasi**	〜のように
	quater［羅］	4 回。指定された小部分を 4 回奏する
	quieto	静かに、穏やかに
R	raddolcendo	しだいに柔らかに、静かに
	raffrenando	しだいに速度を抑えながら
	ralentir［仏］	→ rallentando
	rallentando（= rallent., rall.）	だんだんゆるやかに
	rapido, rapidamente	すばやく、急いで
	rasch［独］	すばやく
	rattenando, rattenuto	抑制して
	ravviando	ふたたび生き生きと
	religioso	宗教的に
	remettez［仏］	もとに戻せ
	renforcer［仏］	増強して
	retenant［仏］	ためらうように、抑えて
	replica	反復
	résolument［仏］	→ risoluto
	retardé［仏］	より遅くして
	rêveur［仏］	夢見るように
	rf, *rfz*, rin*fz*	→ rinforzando
	R. H.（= right hand［英］）	右手で（r. H. = rechte Hand［独］）
	ricochet（= jeté）［仏］	（弦楽器で）弓を弦の上に投げるようにし、一度の下げ弓で複数（ふつうは 2 つから 6 つ）の音をスタッカートふうに続ける弓使い（投げ弓）
	rigoroso	厳格に、正確に
	rilasciando	ゆるめて、しだいに遅く
	rinforzando	強めて。ごく短い *crescendo*、もしくは sforzando と同様、その箇所だけを強調して（= *rf*, *rfz*, *rinfz*）
	ripieno	全合奏。全部の楽器による総奏（= tutti）
	riposato	安らぎをもって
	risoluto	決然と
	ritardando（= ritard., rit.）	だんだんゆるやかに
	ritenuto（= riten.）	急にテンポをゆるめて

	rubato	テンポを自由に加減して演奏すること
	ruhig [独]	静かに、穏やかに
	rusticana, rustico	田舎ふうに
S	sanft [独]	柔らかく、優しく
	saltando, saltato	→ sautillé [仏]
	sans [仏]	→ senza
	sautillé [仏]	(弦楽器で) 弓の上で弦を軽く跳ねさせる弓使い (跳ね弓) (= saltando, saltato, spiccato)
	scherzando	戯れるように
	scherzhaft [独]	→ scherzando
	schiettamente, schietto	素直に、単純に
	schmachtend [独]	恋い焦がれて
	schmeichelnd [独]	媚びるように
	schmerzlich, schmerzhaft, schmerzvoll [独]	痛々しく、悲痛に
	schmetternd [独]	(ホルンで) ストップして強奏する (= cuivré [仏])
	schrittmäßig [独]	歩くように
	schwach [独]	弱く
	schwer [独]	重々しく
	schwindend [独]	消え入るように
	schwungvoll [独]	躍動感溢れて
	scintillante	きらめくように
	scioltamente	のびのびと、自由闊達に
	sciolto	縛られずに。レガートをかけずに (ほぼノン・レガートと同じ)
	scorrendo	流れるように
	secco	乾いた。短く、余韻を残さない奏法で
	seconda volta	2回目、2番括弧
	seelenvoll [独]	心をこめて
	segno	記号
	segue	間をおかず、すぐ次へ続けて (= attacca)
	sehr [独]	ひじょうに
	semplice	単純に、素朴に
	sempre	つねに
	sentito	感情をこめて
	senza	〜なしに
	senza misura	拍子にとらわれず、自由に
	senza pedale (= senza ped.)	ペダルなしで

senza rigore	厳格でなく
senza sordino (= senza sord.)	弱音器なしで
senza tempo	テンポにとらわれずに
serioso	まじめに、厳粛に
seul [仏]	→ solo
sereno	晴朗に
sf , *sfz*	→ sforzando, sforzato
sff , *sffz*	→ sforzatissimo
sforzando, sforzato	1つの音や和音をとくに強く（= *sf* , *fz* , *sfz*）
sforzatissimo (= *sff* , *ffz* , *sffz*)	極度の sforzato
sfp (= sforzato piano)	強いアクセントをつけ、すぐに弱くする
simile	同様に
simplement [仏]	→ semplice
sin'al fine	終わりまで
sin'al segno	記号まで
slargando	しだいに幅広く、しだいに遅く
slentando	しだいに遅く
sminuendo	→ diminuendo
smorzando	消え入るように
snello	敏捷に、優美で軽やかに
soave	甘美に、柔和に、優美に
sollecitando	敏速に、駆り立てるように
solo	1人で
sopra	上
sordino	弱音器
sospirando	ため息をつくように
sostenuto, sosutenendo (= **sosten., sost.**)	音の長さをじゅうぶんに保って（場合によっては、やや遅く）
sotto	下
sotto voce	声をひそめて
soupirant [仏]	→ sospirando
sourd [仏]	弱く、鈍く
soutenu [仏]	→ sostenuto
sourdine [仏]	→ sordino
spaßhaft [独]	おどけて、こっけいに（= giocoso）
sperdendosi	徐々に消えてゆくように
spianato	なめらかに、均等に

	spiccato	→ sautillé［仏］
	spiegando	音をしだいにふくらませて
	spiritoso	活気をもって
	staccatissimo	きわめて鋭いスタッカート
	staccato（= stacc.）	各音を鋭く離して演奏する
	stendendo	しだいに遅く
	stentando	引きずるように
	steso	遅く、幅広く
	stesso	同一の
	stinguendo	消えてゆくように
	stretto	切迫して
	stringendo（= string.）	せきこむように、急迫して、だんだん速度を速めて
	strisciando	かすめるように（= glissando）
	stürmisch, stürmend［独］	嵐のように、情熱的に
	su, sul	〜の上で
	subito（= sub.）	ただちに
	sul G	（ヴァイオリンで）G線上で
	sulla tastiera	→ flautando
	sul ponticello（= sul pont.）	駒の付近で弾く（= au chevalet［仏］）
	sul tasto	→ flautando
	suivez［仏］	伴奏楽器のための指示で、独奏声部のテンポと強弱にしたがうこと
	sur la touche［仏］	→ flautando
	sussurrando	ささやくように
	svegliando, sveglicato	目覚めて、活発に
	svelto	機敏に、すばやく
T	tacet	沈黙。ある声部がある楽章や部分全体にわたって休むこと
	tanto	多く、じゅうぶんに
	tardo, tardamente	ゆっくり
	tardando	速度をゆるめて
	tasto solo	（通奏低音で）和音を弾かずに、バス音のみを弾く
	tempestoso	嵐のように、荒れ狂うように
	tempo giusto	正しいテンポで
	tempo primo（= tempo I）	初めのテンポで
	tempo rubato	自由に加減されたテンポで
	tenuto（= ten.）	音を保って、音をじゅうぶん長く持続させて（= tenu, tenue［仏］）

teneramente	優しく
ter［羅］	3回。指定された小部分を3回奏する
tiré, tirer, tirez［仏］	（弦楽器で）下げ弓
tosto	すぐに、ただちに、急いで
toujours［仏］	→ sempre
tranquillo	静かに、平静に
transciendo	引きずるように
trattenuto	引き止めて、抑えて、しだいに遅くして
trauernd［独］	嘆き悲しみつつ
träumend, träumerisch［独］	夢見るように
traurig［独］	悲しげに
tremolando	トレモロをともなって
tremolo（= **trem.**）	同音の急速な反復
très［仏］	ひじょうに
tr	→ trill
trill［英］	隣接する2音の急速な交替
troppo	過度に、はなはだしく（= trop［仏］）
triste［仏］	悲しげに
tutte le corde	全弦で。ピアノで、una corda をもとに戻す指示
tutti	全員で。全部の楽器による総奏

U
una corda（= **u. c.**）	1弦で。グランドピアノの左ペダルを踏む
unisono（= **unis.**）	ユニゾンで。多人数で同一の旋律を奏する
un poco	少し、やや
ut sopra［羅］	上のように
ungeduldig［独］	気短に、いらいらして
ungezwungen［独］	自由に、のびのびと
unheimlich［独］	薄気味悪く
unmerklich［独］	ほとんど気づかないほどに、かすかに
un peu［仏］	→ un poco
unruhig［独］	落ち着きなく

V
vacillando	ためらうように、不安定に
velato	ヴェールに包まれたように
veloce	速く、敏速に
verhallend［独］	しだいに消えてゆくように
verlöschend［独］	炎が消えるように
verschwindend［独］	消え去るように
verstärkend［独］	強めて

	vibrato	急速に繰り返される微小な音高の変動
	vide［羅］	見よ。（繰り返しのさいなどに）楽譜のある箇所から別の箇所に飛ぶとき、その始めの箇所に Vi-、後の箇所に -de と記して示す
	vif［仏］	生き生きと、速く
	vigoroso	力強く
	vite, vitement［仏］	速く（= vivace）
	vivace	活発に、速く
	vivacissimo	ひじょうに活発に、ひじょうに速く
	vivement［仏］	生き生きと
	vivo	生き生きと
	voilé［仏］	→ velato
	volante	飛ぶように、急速に
	volteggiando	（鍵盤楽器で）両手を交差させて
	volti subito（= v. s.）	急いで楽譜をめくれ
	volubile	滑らかに、流れるように
	vorwärts［独］	前へ進んで、やや速度を速めて
W	wehmütig［独］	もの悲しく、悲哀に満ちて
	wenig［独］	→ poco
	weniger［独］	→ meno
	wie［独］	〜のように（= come）
	wie mögich［独］	可能なかぎり（= possibile）
	wuchtig［独］	重く力強く、激しく
	würdig［独］	威厳をもって
	wütend［独］	怒り狂って
Z	zart［独］	柔らかく、穏やかに
	zärtlich［独］	優しく、愛情を込めて
	Zeitmaß［独］	→ tempo
	ziemlich［独］	かなり、そうとう
	zitternd［独］	震えながら（= tremolando）
	zögernd［独］	ためらいがちに
	zu［独］	あまりにも（= troppo）
	zurückhaltend［独］	控えめに、遅くして（= rallentando）
	zusammen［独］	いっしょに
その他	8va.	→ ottava

索引

- ページをあらわす数字のあとに「n」とあるものは、その語が脚注に登場することを示す
- 欧文、アラビア数字、ローマ数字から始まる語は、五十音のあとにまとめた
- 「4／四／Ⅳ」は「し」、「7／七／Ⅶ」は「しち」、「9／九／Ⅸ」は「く」と読みを記したが、それぞれ「よ（ん）」「なな」「きゅう」と読んでも誤りではない

あ

アウフタクト →弱起｜じゃっき
アクセント 040, 151, 152, 171, 174, 176
アクセント記号 144
上げ弓｜あ—ゆみ 162
アゴーギク 151
朝顔｜あさがお 165
アダン、ルイ｜Adam, Louis
　『音楽院ピアノ教本』152
アッラ・ブレーヴェ →₵
アーティキュレーション 049, 145, 150
アーティキュレーション記号｜—きごう
　150-154
アポッジャトゥーラ →倚音｜いおん →長前打音｜ちょうぜんだおん
アリア 161
アルト記号｜—きごう 011, 070, 071, 072n
アルト譜表｜—ふひょう 011
アルト・フルート 072
アルペッジョ 154-156

イオニア旋法｜—せんぽう →第11旋法｜だいじゅういちせんぽう
倚音｜いおん 108, 109, 111, 173n
息継ぎ｜いきつ— 151, 165
移旋｜いせん 064n
イタリア式（和音）数字｜—しき（わおん）すうじ 089
イタリア6の和音｜—ろく—わおん 097
一時的転調｜いちじてきてんちょう 111, 113, 114, 120

移調｜いちょう 064, 065, 068, 070-073, 074n
移調楽器｜いちょうがっき 070n, 072-073
移調（移高）の限られた旋法｜いちょう（いこう）—かぎ—せんぽう 073, 074
　第1旋法 074n
　第2旋法 074
逸音｜いつおん 109
移動ド（唱法）｜いどう—（しょうほう）017n, 072
異名同音｜いめいどうおん 020, 024, 059
異名同音調｜いめいどうおんちょう 067

ヴァイオリン 150, 157
ヴァイオリン属 162-164
上第一間｜うえだい—かん 010
上第一線｜うえだい—せん 010
上一点—（音）｜うえ—てん—（おん）018
ヴェルディ、ジュゼッペ｜Verdi, Giuseppe
　オペラ《リゴレット》より〈慕わしい人の名は〉046
運弓法｜うんきゅうほう 150

嬰記号｜えいきごう →シャープ
エオリア旋法｜—せんぽう →第9旋法｜だいくせんぽう
遠隔調｜えんかくちょう 066, 067, 068
演奏慣習｜えんそうかんしゅう 122
演奏記号｜えんそうきごう 121

オクターヴ 017, 018, 024, 053, 054, 061, 070, 073, 169, 170
オクターヴ記号｜—きごう 022

索引　203

オーケストラ　→管弦楽｜かんげんがく
音の強弱｜おとーきょうじゃく　121, 122, 141
音の高さ｜おとーたかー　→音高｜おんこう
音の長さ｜おとーながー　→音価｜おんか
オラトリオ　136
オルガン　079n, 123n
音域｜おんいき　010, 012, 013n, 018, 022, 068
音価｜おんか　026, 028, 035, 036, 042, 048, 121, 122, 145, 151, 153, 158, 171, 172, 173, 174
音階｜おんかい　061-063, 073, 105, 157
音階構成音｜おんかいこうせいおん　078, 111, 119
音楽の悪魔｜おんがくーあくま　075
音高｜おんこう　010, 011, 020, 026, 105, 121, 122, 157, 169
音節｜おんせつ　151
音程｜おんてい　052-060, 079
音度｜おんど　052, 068
音符｜おんぷ　026-031, 032, 034, 035, 036, 046, 121, 122, 125, 159, 160, 170, 178
音部記号｜おんぶきごう　010-011, 013n, 021, 022, 024, 040, 065, 070, 072
音名｜おんめい　017, 018, 020, 022
音量｜おんりょう　→音の強弱｜おとーきょうじゃく

か

解決｜かいけつ　085, 089, 094, 106
解決音｜かいけつおん　106
開放弦｜かいほうげん　164
階名｜かいめい　017n
ガヴォット　136
楽章｜がくしょう　124
楽節（フレーズ）｜がくせつ　046, 049, 098, 099, 100, 112, 113, 116, 117, 119, 120, 161
楽節単位の転調｜がくせつたんいーてんちょう　111, 112
歌詞｜かし　051, 121, 122, 151
加線｜かせん　010
下線｜かせん　010
下属音｜かぞくおん　061, 062, 065, 066, 120

下属調｜かぞくちょう　065, 066, 067, 068, 103
下属和音｜かぞくわおん　079
カタカナ（音）｜―（おん）　018
下中音｜かちゅうおん　062, 065, 066
楽句（フレーズ）｜がっく　144, 150, 153
合唱｜がっしょう　012, 013
合奏｜がっそう　142, 166
カッチーニ、ジューリオ｜Caccini, Giulio
『新音楽』　142
カデンツ　098-104, 112, 116, 117
カデンツア　046, 161
下拍｜かはく　040n, 041n
カピローラ、ヴィンチェンツォ｜Capirola, Vincenzo
　リュート曲集　141
ガブリエーリ、アンドレア｜Gabrieli, Andrea
《ファンタジア・アレグラ》　124
ガブリエーリ、ジョヴァンニ｜Gabrieli, Giovanni
『サクレ・シンフォニエ』　142
《ピアノとフォルテのソナタ》　142
下方掛留音｜かほうけいりゅうおん　107
間｜かん　010
幹音｜かんおん　017, 019, 025, 052, 053, 054, 056, 061, 064, 065, 066n, 073
管楽器｜かんがっき　150, 151, 153, 157, 165
管弦楽｜かんげんがく　012, 015-016, 033
完全音程｜かんぜんおんてい　052, 053, 054, 058
完全協和音程｜かんぜんきょうわおんてい　060
完全三和音｜かんぜんさんわおん　080
完全終止｜かんぜんしゅうし　098, 099, 100, 101, 102, 103, 120
完全小節｜かんぜんしょうせつ　042, 058
完全1度｜かんぜんいちど　053, 054, 058n, 060
完全4度｜かんぜんしど　053, 055, 058, 060
完全5度｜かんぜんごど　053, 055, 058, 059, 060
完全8度｜かんぜんはちど　053, 055, 058, 059, 060

基音｜きおん　077
器楽（曲）｜きがく（きょく）　121, 122
偽終止｜ぎしゅうし　101, 102, 120

ギター　121n
機能｜きのう　→調的機能｜ちょうてききのう
記譜｜きふ　017, 020
記譜法｜きふほう　121n
基本形｜きほんけい　080, 081, 082, 083, 084, 085, 086, 087, 088, 089, 090, 091, 092, 093, 095, 098, 099
休符｜きゅうふ　032–033, 034, 159, 172
教会音楽｜きょうかいおんがく　075
教会旋法｜きょうかいせんぽう　075–076
強起｜きょうき　042
強弱記号｜きょうじゃくきごう　141–145
協奏曲（コンチェルト）｜きょうそうきょく　124, 161
強拍｜きょうはく　040, 043, 046, 049, 107, 111, 173n
協和音程｜きょうわおんてい　060, 173n
曲想｜きょくそう　125
近親調｜きんしんちょう　065, 068, 069

クヴァンツ、ヨハン・ヨアヒム｜Quantz, Johann Joachim　171
　『フルート奏法試論』　142
偶成和音｜ぐうせいわおん　117n
クラリネット　157
グリッサンド　157
グレゴリオ聖歌｜—せいか　075, 121, 141
グロッポ　175
クロマティック音階｜—おんかい　→半音階｜はんおんかい

経過音｜けいかおん　105, 110, 111
経過的倚音｜けいかてきいおん　111
経過的転調｜けいかてきてんちょう　068, 069, 111, 112, 113
掛留音｜けいりゅうおん　106–107, 119
ゲネラルパウゼ（総休止）｜—（そうきゅうし）　033, 166
弦｜げん　163, 164
弦楽四重奏｜げんがくしじゅうそう　014
減音程｜げんおんてい　052, 053, 054n, 057, 058n, 059, 060, 085

弦楽器｜げんがっき　157
減三和音｜げんさんわおん　065n, 066, 077, 080, 084, 085–086, 090, 092, 114
鍵盤楽器｜けんばんがっき　012, 079, 150, 155, 157
減2度｜げんにど　057
減3度｜げんさんど　057, 059
減4度｜げんしど　058, 059
減5短7和音｜げんごたんしちわおん　087, 090, 092
減5度｜げんごど　055, 058, 059
減5和音｜げんごわおん　114n
減6度｜げんろくど　057
減7度｜げんしちど　057, 059
減7和音｜げんしちわおん　087, 092, 102
減8度｜げんはちど　058, 059

高音部譜表｜こうおんぶふひょう　011, 013n
行進曲｜こうしんきょく　136, 149
後打音｜こうだおん　171, 174, 176, 178
五音音階｜ごおんおんかい　073, 074
五線｜ごせん　010
五線譜表｜ごせんふひょう　122
コーダ　039
コッホ、ハインリヒ・クリストフ｜Koch, Heinrich Christoph
　『音楽辞典』　136
固定ド（唱法）｜こてい—（しょうほう）　017n
古典派｜こてんは　142
五度圏｜ごどけん　065, 067
駒｜こま　163
古様式｜こようしき　041n
コラール　115, 161
五和音｜ごわおん　080, 093
根音｜こんおん　078, 080, 092, 095, 096
混合拍子｜こんごうびょうし　044
コンチェルト　→協奏曲｜きょうそうきょく
コンピューター　122n

さ

下げ弓｜さーゆみ　162, 163
擦弦楽器｜さつげんがっき　150, 151, 152, 153
サブドミナント（S）　061, 062, 079, 090, 091, 100
三全音｜さんぜんおん　055
三全休符｜さんぜんきゅうふ　033
三和音｜さんわおん　065n, 066, 078, 080–086, 095, 096, 114n

刺繍音｜ししゅうおん　105, 106, 119
四全休符｜しぜんきゅうふ　033
自然協和音｜しぜんきょうわおん　077
自然短音階｜しぜんたんおんかい　063, 066, 075, 078
自然倍音｜しぜんばいおん　077
自然倍音列｜しぜんばいおんれつ　077
自然ハーモニクス｜しぜん—　164
自然不協和音｜しぜんふきょうわおん　077
自然和音｜しぜんわおん　077
下第一間｜しただいーかん　010
下第一線｜しただいーせん　010
下一点—（音）｜したーてんー（おん）　018
七音音階｜しちおんおんかい　073, 074
実音｜じつおん　072, 073, 164
室内楽｜しつないがく　012, 033
支配音｜しはいおん　075
指板｜しばん　163
弱音器｜じゃくおんき　158
弱音ペダル　162
弱拍｜じゃくはく　040, 042, 049, 109
借用和音｜しゃくようわおん　097, 100, 101n, 111, 112, 113, 114
強起｜じゃっき　042
シャープ（嬰記号、♯）　019, 021, 056, 057, 058, 065, 067, 068, 070n, 116, 179
終止線｜しゅうしせん　038
縦線｜じゅうせん　038
重嬰記号｜じゅうえいきごう　→ダブルシャープ
重減音程｜じゅうげんおんてい　059, 060

重減3度｜じゅうげんさんど　059
終止｜しゅうし　160
終止音｜しゅうしおん　075
終止形｜しゅうしけい　→カデンツ
重増音程｜じゅうぞうおんてい　059, 060
重増2度｜じゅうぞうにど　059
重変記号｜じゅうへんきごう　→ダブルフラット
主音｜しゅおん　017n, 052, 061, 062, 063, 064, 064, 065, 066, 068, 089, 094, 120
主音符｜しゅおんぷ　171, 172, 173, 174, 177, 178
主声部｜しゅせいぶ　166
主調｜しゅちょう　065, 066, 068, 069, 075
シュネラー　177
シューベルト、フランツ｜Schubert, Franz　144, 152
《即興曲》変ト長調 作品90-3　041n
主和音｜しゅわおん　065n, 066, 079, 085, 089, 094, 120
小音符｜しょうおんぷ　046, 157, 170, 171, 173
上主音｜じょうしゅおん　062, 065
小節｜しょうせつ　023, 024, 025, 033, 038, 042, 122n
小節線｜しょうせつせん　027, 037, 047, 159
上線｜じょうせん　010
上属音｜じょうぞくおん　→属音　→ドミナント
上拍｜じょうはく　040n, 041n
上方掛留音｜じょうほうけいりゅうおん　107
上方モルデント｜じょうほう—　177
ショパン、フレデリック｜Chopin, Frédéric　135
夜想曲第1番 変ロ短調 作品9-1　036
ピアノ・ソナタ第2番 変ロ短調 作品35　048
練習曲 作品10-3 ホ長調〈別れの曲〉　042
《24の前奏曲》作品28 第7番 イ長調　043
シラブル　051
四和音（7の和音）｜しわおん（しち—わおん）　077, 080, 087–097, 100, 113n, 114, 117n

人工協和音｜じんこうきょうわおん　077
人工ハーモニクス｜じんこう—　164
人工不協和音｜じんこうふきょうわおん　077
シンコペーション　049, 051

吹奏楽｜すいそうがく　012
数字｜すうじ　→和音数字｜わおんすうじ
スコア　→総譜｜そうふ
スタッカート　145, 150, 151, 163
スティレ・アンティコ　→古様式｜こようしき
ストップ　165
スピッカート　→ spiccato
スラー　037, 150, 151, 153, 157, 171
スライド　157
スラー・スタッカート　153

声域｜せいいき　013n, 068
声楽（曲）｜せいがく（きょく）　051, 070, 121, 122, 151, 157, 165
正格旋法｜せいかくせんぽう　075
声種｜せいしゅ　013n
声部｜せいぶ　012, 021, 095n, 166
声部記号｜せいぶきごう　011
セコンダ・ヴォルタ　→2番かっこ｜にばん—
線｜せん　010
全音｜ぜんおん　054, 055n, 061
全音音階｜ぜんおんおんかい　073, 074
全音階｜ぜんおんかい　061, 070n, 073, 075, 157
全音階的音程｜ぜんおんかいてきおんてい　053
全音階の半音｜ぜんおんかいてきはんおん　054
全音符｜ぜんおんぷ　027, 028, 029, 040n, 041n
全休符｜ぜんきゅうふ　032, 033
全終止｜ぜんしゅうし　099
先取音｜せんしゅおん　109
前打音｜ぜんだおん　171-174, 176
旋法｜せんぽう　075, 104
旋律｜せんりつ　098, 111, 115, 116, 117, 119, 120, 166
旋律短音階｜せんりつたんおんかい　063, 066n, 078, 096

旋律的音程｜せんりつてきおんてい　052
旋律的二重倚音｜せんりつてきにじゅういおん　108

増音程｜ぞうおんてい　052, 053, 054n, 057, 059, 060
総休止（そうきゅうし）　→ゲネラルパウゼ
増三和音｜ぞうさんわおん　080, 083, 094
装飾｜そうしょく　046, 105, 121, 170-179
装飾音｜そうしょくおん　170-179
装飾記号｜そうしょくきごう　170-179
装飾法｜そうしょくほう　170
総奏（トゥッティ）｜そうそう　142, 166
総譜｜そうふ　012-016, 021, 070n, 072
増1度｜ぞういちど　058
増2度｜ぞうにど　057, 059
増3度｜ぞうさんど　056
増4度｜ぞうしど　055, 058
増5長7和音｜ぞうごちょうしちわおん　087, 094
増5度｜ぞうごど　058
増6度｜ぞうろくど　057, 059
増6和音｜ぞうろくわおん　096, 097, 104, 114
増7度｜ぞうしちど　057
増8度｜ぞうはちど　058
属音｜ぞくおん　061, 062, 063, 065, 066, 075
属三和音｜ぞくさんわおん　096n
属短9和音｜ぞくたんくわおん　092, 093, 094
属調｜ぞくちょう　065, 066, 067, 068, 075, 112, 113n, 114n
属長9和音｜ぞくちょうくわおん　090, 093, 094
速度｜そくど　→テンポ
速度記号｜そくどきごう　123-141
速度標語｜そくどひょうご　123-141, 142
属和音｜ぞくわおん　079, 084, 085, 086, 090, 091, 097, 098n, 113n
属7和音｜ぞくしちわおん　077, 079, 084, 087, 089, 093, 094, 099, 103, 104, 113, 114, 120
属9和音｜ぞくくわおん　077, 079, 093
即興｜そっきょう　121, 127, 161
ソティエ　→ sautillé
ソナタ　124
ソプラノ記号｜—きごう　011, 070, 071, 072n

索　引　207

ソプラノ譜表 │ーふひょう **011**
ソルフェージュ **117**
ソロ →独奏、独唱 │どくそう、どくしょう

た

タ　イ　**024, 025, 037, 049, 050, 106, 107, 151, 172, 173n**
対位法 │たいいほう　**041n**
第一間 │だい―かん　**010**
対斜 │たいしゃ　**095n**
第一線 │だい―せん　**010**
第一倍音 │だい―ばいおん　**077, 164**
大譜表 │だいふひょう　**012**
第1旋法（ドリア旋法）│だいいちせんぽう　**075, 103**
第1転回形 │だいいちてんかいけい　**080, 081, 082, 083, 084, 085, 086, 087, 088, 089, 090, 091, 092, 096, 100, 104, 114**
第2旋法（ヒポドリア旋法）│だいにせんぽう　**075**
第2転回形 │だいにてんかいけい　**080, 081, 082, 083, 084, 085, 086, 087, 088, 089, 090, 091, 092, 093, 104, 114, 120**
第3旋法（フリギア旋法）│だいさんせんぽう　**075, 076, 103, 104**
第3転回形 │だいさんてんかいけい　**087, 088, 089, 090, 091, 092, 093, 114**
第4旋法（ヒポフリギア旋法）│だいしせんぽう　**075, 076**
第5旋法（リディア旋法）│だいごせんぽう　**076**
第6旋法（ヒポリディア旋法）│だいろくせんぽう　**076**
第7旋法（ミクソリディア旋法）│だいしちせんぽう　**076**
第8旋法（ヒポミクソリディア旋法）│だいはちせんぽう　**076**
第9旋法（エオリア旋法）│だいくせんぽう　**076**

第10旋法（ヒポエオリア旋法）│だいじゅうせんぽう　**076**
第11旋法（イオニア旋法）│だいじゅういちせんぽう　**076**
第12旋法（ヒポイオニア旋法）│だいじゅうにせんぽう　**076**
打楽器 │だがっき　**165**
ダ・カーポ　→ **D.C., Da Capo**
ダ・カーポ形式 │―けいしき　**160**
打鍵法 │だけんほう　**150**
タッチ　→打鍵法 │だけんほう
ダブルシャープ（重嬰記号、×）　**019, 020, 059, 068n**
ダブルフラット（重変記号、♭♭）　**019, 020, 059, 068n**
たま（符頭）│―（ふとう）　**026, 167**
ダル・セーニョ　→ **D.S., Dal Segno**
ターン　**175, 176, 178**
短音階 │たんおんかい　**063, 064, 073, 075**
短音程 │たんおんてい　**052, 053, 054, 056, 057, 061**
単音程 │たんおんてい　**053**
タンギング　**150, 151, 153**
短三和音 │たんさんわおん　**066n, 077, 080, 082, 083, 087, 095, 103, 119**
単純拍子 │たんじゅんびょうし　**042–043, 044**
短前打音 │たんぜんだおん　**171, 173–174**
単旋律典礼聖歌 │たんせんりつてんれいせいか　→グレゴリオ聖歌 │―せいか
短　調 │たんちょう　**017n, 063, 064, 066, 067, 070n, 074n, 075, 078, 084, 086, 089, 090, 092, 097, 103**
ダンパー・ペダル　**162**
短2度 │たんにど　**054, 055, 056n, 057, 059**
短3長7和音 │たんさんちょうしちわおん　**095**
短3度 │たんさんど　**053, 054, 057, 059, 060**
短6度 │たんろくど　**054, 056, 057, 060**
短7度 │たんしちど　**055, 057, 059**
短7和音 │たんしちわおん　**087, 088, 089**

チェンバロ　**079**

チャイコフスキー、ピョートル・イリイチ | Tchaikovsky, Pyotr Ilyich
　交響曲第4番ヘ短調 作品36　050
　交響曲第5番ホ短調 作品64　049
中音 | ちゅうおん　062, 065, 066
中断終止 | ちゅうだんしゅうし　098, 102
調 | ちょう　017n, 021, 061, 064-073, 089, 111, 112, 113, 114, 116, 117, 119
長音階 | ちょうおんかい　062, 064, 065n, 073, 075
長音程 | ちょうおんてい　052, 053, 054, 056, 057, 061
調号 | ちょうごう　021, 023, 038, 040, 056n, 064, 065, 067, 068, 072, 116, 119
長三和音 | ちょうさんわおん　066, 077, 080-082, 082, 083, 087, 089, 103, 114n, 120
調性音楽 | ちょうせいおんがく　079, 098, 115
調性分析 | ちょうせいぶんせき　115-120
長前打音 | ちょうぜんだおん　171-173, 176
長調 | ちょうちょう　017n, 062, 064, 066, 067, 070n, 074n, 075, 089, 090, 097, 100
調的機能 | ちょうてきききのう　061, 062, 063, 073n
調的和声 | ちょうてきわせい　061, 068, 073n
長2度 | ちょうにど　054, 055, 056n, 057, 059, 060
長3度 | ちょうさんど　054, 057, 059, 060
長6度 | ちょうろくど　053, 054, 056, 057, 059, 060
長7度 | ちょうしちど　055, 057, 060
長7和音 | ちょうしちわおん　087, 088, 089

通奏低音 | つうそうていおん　077, 079
通奏低音法 | つうそうていおんほう　079

低音（バス） | ていおん　079, 080, 104, 127, 173n
低音部譜表 | ていおんぶふひょう　011
ティンパニ　165
テヌート記号　145, 153
テノール記号 | ーきごう　011, 070, 072n
テノール譜表 | ーふひょう　011
デュナーミク　→音の強弱 | おとーきょうじゃく

テュルク、ダニエル・ゴットロープ | Türk, Daniel Gottlob
　『クラヴィーア教本』　171n
転回 | てんかい　053
転回音程 | てんかいおんてい　053, 070n
転回形 | てんかいけい　080, 099, 114, 178
転回ターン | てんかいー　178
転調 | てんちょう　068, 069, 111-114
テンポ　048, 121, 122, 123-141, 143, 145, 153

度 | ど　052
ドイツ式（和音）数字 | ーしき（わおん）すうじ　089
ドイツ6の和音 | ーろくーわおん　097, 114
ドゥアモル　100n
ドヴォルジャーク、アントニン | Dvořák, Antonín
　交響曲第9番ホ短調 作品95《新世界より》　043
同音 | どうおん　→完全1度 | かんぜんいちど
導音 | どうおん　062, 063, 065n, 066, 085, 089, 090, 092, 094, 096, 119
同音反復 | どうおんはんぷく　158, 166-167
同主短調 | どうしゅたんちょう　066, 100, 101n
同主調 | どうしゅちょう　064, 065, 066, 089, 120
同主長調 | どうしゅちょうちょう　066
トゥッティ　→総奏 | そうそう
ト音記号 | ーおんきごう　010, 070, 071, 072n
ト音譜表 | ーおんふひょう　011
独奏、独唱（ソロ） | どくそう、どくしょう　143, 166
読譜（ソルフェージュ） | どくふ　117
度数 | どすう　052, 053
ドッピオ・モヴィメント　→ Doppio movimento
ドッペルドミナント　113n
トニック（T）　061, 062, 079, 100, 119
ドミナント（D）　061, 062, 079, 090, 098, 113n
ドリア旋法 | ーせんぽう　→第1旋法 | だいいちせんぽう
ドリアのVI | ーろく　096

ドリアのVI度和音 ｜ーろくどわおん　096, 097, 104n
トリトヌス　→三全音 ｜さんぜんおん
トリル　175–176, 177
トレモロ　158, 165, 167
トロンボーン　157

な

投げ弓 ｜なーゆみ　→ ricochet
ナチュラル（本位記号、♮）　019, 023, 056, 057, 058, 068
ナポリの6和音 ｜ーろくわおん　095, 120

二重移調 ｜にじゅういちょう　072
二重刺繍音 ｜にじゅうししゅうおん　106
二全音符 ｜にぜんおんぷ　→倍全音符 ｜ばいぜんおんぷ

ネウマ　121, 141

ノン・レガート　153–154

は

倍音 ｜ばいおん　077, 163–164
倍音奏法 ｜ばいおんそうほう　163
倍音列 ｜ばいおんれつ　077, 164
倍全音符 ｜ばいぜんおんぷ　029
倍全休符 ｜ばいぜんきゅうふ　032, 033
配置 ｜はいち　079n
ハイニヒェン、ヨハン・ダーフィト ｜ Heinichen, Johann David　067n
ハ音記号 ｜ーおんきごう　011, 070n
拍 ｜はく　040, 042, 043, 046, 050, 051, 125, 127, 136, 137, 155, 159, 161, 173, 177
拍節 ｜はくせつ　040n, 049, 127, 173
拍頭 ｜はくとう　173, 174, 177
バス　→低音 ｜ていおん
バス記号 ｜ーきごう　010, 070, 071, 072n

バス譜表 ｜ーふひょう　011
派生音 ｜はせいおん　→変化音 ｜へんかおん
はた（符鉤）｜ー（ふこう）　026, 027
撥弦楽器 ｜はつげんがっき　121n
発想標語 ｜はっそうひょうご　125, 133–135, 146–149
バッハ、カール・フィリップ・エマヌエル ｜ Bach, Carl Philipp Emanuel　171, 173
バッハ、ヨハン・ゼバスティアン ｜ Bach, Johann Sebastian　012n
《イギリス組曲》第4番ヘ長調 BWV809〈ジーグ〉　044
ヴァイオリンとチェンバロのためのソナタ第2番イ長調 BWV1015　156
カンタータ第147番《心と口と行いと生活で》BWV147 より〈イエスよ、道をつくりたまえ〉　160
《キリストは死の縄目につながれたり》BWV4　013
《半音階的幻想曲とフーガ》ニ短調 BWV903　156
《平均律クラヴィーア曲集 第1巻》第24番 BWV869〈前奏曲〉　127
《平均律クラヴィーア曲集 第2巻》第9番 BWV878〈フーガ〉　041n
《平均律クラヴィーア曲集 第2巻》第17番 変イ長調 BWV886〈前奏曲〉　046
《平均律クラヴィーア曲集 第2巻》第18番 嬰ト短調 BWV887〈フーガ〉　043
《マタイ受難曲》BWV244 より〈血潮したたる主の御頭〉　161
パート　→声部 ｜せいぶ
パート譜 ｜ーふ　033, 173n
跳ね弓 ｜はーゆみ　→ sautillé
ハープ　012, 157
ハミング　165
ハーモニクス音　→倍音 ｜ばいおん
バリトン記号 ｜ーきごう　010, 070, 071, 072
バリトン譜表 ｜ーふひょう　011
バルトーク・ベーラ ｜ Bartók Béla

《管弦楽のための協奏曲》 047
《子供のために 第3巻》 031
ピアノ・ソナタ 046
《ミクロコスモス》 044, 045
バロック 041n, 067n, 075, 103, 115, 121, 122, 142
半音｜はんおん 019, 054, 061, 073
半音階｜はんおんかい 019, 073, 074, 110, 157, 179
半音階的音程｜はんおんかいてきおんてい 056, 066
半音階的経過音｜はんおんかいてきけいかおん 110
半音階的半音｜はんおんかいてきはんおん 054, 058
バンキエーリ、アドリアーノ｜Banchieri, Adriano
《戦争》 123n
『4声のカンツォーナ・フランチェーゼ』 142
半終止｜はんしゅうし 097, 098, 104, 119
伴奏｜ばんそう 079, 166
反復｜はんぷく 038-039, 160
反復記号｜はんぷくきごう 038, 039

ピアノ（楽器） 079, 145, 162
ピアノ（強弱記号） → p, Piano, piano, p.
ビウエラ 121
ピカルディのⅢ度｜ーさんど 103, 120
ビス → bis
左ペダル｜ひだりー 162
ヒポイオニア旋法｜ーせんぽう →第12旋法｜だいじゅうにせんぽう
ヒポエオリア旋法｜ーせんぽう →第10旋法｜だいじゅうせんぽう
ヒポドリア旋法｜ーせんぽう →第2旋法｜だいにせんぽう
ヒポフリギア旋法｜ーせんぽう →第4旋法｜だいしせんぽう
ヒポミクソリディア旋法｜ーせんぽう →第8旋法｜だいはちせんぽう
ヒポリディア旋法｜ーせんぽう →第6旋法｜だいろくせんぽう

ピュタゴラス音律｜ーおんりつ 060
拍子｜ひょうし 031, 033, 038, 040, 042-048, 049, 050, 125
拍子記号｜ひょうしきごう 038, 040-041, 047
ひらがな（音）｜ー（おん） 018
非和声音｜ひわせいおん 105-111, 116, 117

ファンティーニ、ジローラモ｜Fantini, Girolamo
『トランペット教本』 142
フィナリス →終止音｜しゅうしおん
フィーネ → Fine
フェルマータ 031, 159-161
フォルテ → f, Forte, forte, f.
フォーレ終止｜ーしゅうし 104
不完全協和音程｜ふかんぜんきょうわおんてい 060
不完全終止｜ふかんぜんしゅうし 098, 099
不完全小節｜ふかんぜんしょうせつ 042
不協和音程｜ふきょうわおんてい 060, 173n
複音程｜ふくおんてい 053
複合拍子｜ふくごうびょうし 043, 045
複縦線｜ふくじゅうせん 038, 047
複前打音｜ふくぜんだおん 171, 174
複付点音符｜ふくてんおんぷ 031
複付点4分音符｜ふくふてんしぶ（ぶん）おんぷ 031
複付点4分休符｜ふくふてんしぶ（ぶん）きゅうふ 033
複付点全音符｜ふくふてんぜんおんぷ 031
複付点全休符｜ふくふてんぜんきゅうふ 033
複付点2分音符｜ふくふてんにぶ（ぶん）おんぷ 031
複付点2分休符｜ふくふてんにぶ（ぶん）きゅうふ 033
複付点8分音符｜ふくてんはちぶ（ぶん）おんぷ 031
複付点8分休符｜ふくふてんはちぶ（ぶん）きゅうふ 033
符鉤｜ふこう →はた
付点｜ふてん 030, 035
付点音符｜ふてんおんぷ 030, 034, 035

索引 211

付点32分音符｜ふてんさんじゅうにぶ（ぶん）おんぷ　030
付点4分音符｜ふてんしぶ（ぶん）おんぷ　030, 050
付点4分休符｜ふてんしぶ（ぶん）きゅうふ　032
付点16分音符｜ふてんじゅうろくぶ（ぶん）おんぷ　030
付点16分休符｜ふてんじゅうろくぶ（ぶん）きゅうふ　032
付点全音符｜ふてんぜんおんぷ　030, 050
付点全休符｜ふてんぜんきゅうふ　032
付点2分音符｜ふてんにぶ（ぶん）おんぷ　030, 050
付点2分休符｜ふてんにぶ（ぶん）きゅうふ　032
付点8分音符｜ふてんはちぶ（ぶん）おんぷ　030
付点8分休符｜ふてんはちぶ（ぶん）きゅうふ　032
付点64分音符｜ふてんろくじゅうしぶ（ぶん）おんぷ　030
符頭｜ふとう　→たま
符尾｜ふび　→ぼう
譜表｜ふひょう　011, 012, 027, 038, 121
部分音｜ぶぶんおん　077
プラガル　→変格旋法｜へんかくせんぽう
プラガル終止　→変格終止｜へんかくしゅうし
フラット（変記号, ♭）　019, 021, 056, 057, 058, 065, 067, 068, 070n, 116, 179
ブラームス、ヨハネス｜Brahms, Johannes
　交響曲第2番 ニ長調 作品73　048
　ピアノ三重奏曲第3番 ハ短調 作品101　047
　《3つの間奏曲》第3番 嬰ハ短調 作品117-3　159
　《8つのピアノ小品》第8番〈奇想曲〉ハ長調 作品76-8　160
プラルトリラー　177
フランク、セザール｜Franck, César
　ヴァイオリン・ソナタ イ長調　044
フランス式（和音）数字｜ーしき（わおん）すうじ　089
フランス6の和音｜ーろく—わおん　097
フリギア終止｜ーしゅうし　097, 104

フリギア旋法｜ーせんぽう　→第3旋法｜だいさんせんぽう
プリマ・ヴォルタ　→1番かっこ｜いちばんー
フルート　163, 165
ブレヴィス　→倍全音符｜ばいぜんおんぷ
フレージング　150, 151
フレージング・スラー　151n
フレーズ　→楽節｜がくせつ　→楽句｜がっく
フレット　157
プロコフィエフ、セルゲイ｜Prokofiev, Sergei
　《つかの間の幻影》作品22　027
分散和音｜ぶんさんわおん　156　→アルペッジョ
分節法｜ぶんせつほう　→アーティキュレーション

平行調｜へいこうちょう　065, 066, 067, 068, 069
ヘ音記号｜ーおんきごう　010, 071
ペダル　162
ベートーヴェン、ルートヴィヒ・ヴァン｜Beethoven, Ludwig van　133, 144, 152
　弦楽四重奏曲第1番 ヘ長調 作品18-1　021
　交響曲第1番 ハ長調 作品21　015-016
　交響曲第3番 変ホ長調 作品55《英雄》　049
　交響曲第4番 変ロ長調 作品60　049
　ピアノ協奏曲第3番 ハ短調 作品37　029
　ピアノ・ソナタ第1番 ヘ短調 作品2-1　159
　ピアノ・ソナタ第4番 変ホ長調 作品7　051
　ピアノ・ソナタ第7番 ニ長調 作品10-3　159
　ピアノ・ソナタ第14番 嬰ハ短調 作品27-2《月光》　155
　ピアノ・ソナタ第26番 変ホ長調《告別》作品81a　041
ヘミオラ　046, 049, 050
変位｜へんい　063

変位音｜へんいおん　065, 072
変化音｜へんかおん　019, 068
変化記号｜へんかきごう　019–020, 021, 023, 121
変格終止｜へんかくしゅうし　098, 100, 101n, 103, 120
変格旋法｜へんかくせんぽう　075
変化和音｜へんかわおん　095–097, 104, 114, 117n
変記号｜へんきごう　→フラット
ペンタトニック音階｜―おんかい　→五音音階｜ごおんおんかい
ヘンデル、ゲオルク・フリードリヒ｜Händel, Georg Friedrich　136
《セルセ》より〈オンブラ・マイ・フ〉　126
《メサイア》　136
変拍子｜へんびょうし　047

ぼう（符尾）｜―（ふび）　026, 171, 173
歩行バス｜ほこう―　128
ボネッリ、アウレリオ｜Bonelli, Aurelio
『3声のヴィラネッラ集』第1巻　142
ポピュラー音楽｜―おんがく　051
ポルタート　→portato
ポルタメント　157, 174
ホルン　072, 157, 165
本位記号｜ほんいきごう　→ナチュラル

ま

マリーニ、ビアージョ｜Marini, Biaggio
《シンフォニア・アレグラ》　124
《シンフォニア・グラーヴェ》　124
マルテッラート　→martellato
マルトレ　→martelé
右ペダル｜みぎ―　→ダンパー・ペダル
ミクソリディア旋法｜―せんぽう　→第7旋法｜だいしちせんぽう
民俗音楽｜みんぞくおんがく　073

ムソルグスキー、モデスト｜Mussorgsky, Modest
《展覧会の絵》第1曲〈プロムナード〉　047, 048
無調（性）｜むちょう（せい）　073n
メシアン、オリヴィエ｜Messiaen, Olivier　073, 074
メゾ・スタッカート　152
メゾソプラノ記号｜―きごう　011, 070, 071, 072, 073
メゾソプラノ譜表｜―ふひょう　011
メトロノーム　123, 125, 129
メトロノーム記号｜―きごう　122, 123, 124, 125, 127
メヌエット　136
メンデルスゾーン（・バルトルディ）、フェリックス｜Mendelssohn Bartholdy, Felix
《歌の翼に》　051
モーツァルト、ヴォルフガング・アマデウス｜Mozart, Wolfgang Amadeus　145, 152, 173
弦楽四重奏曲第14番ト長調 K387　014
ピアノ協奏曲第27番 変ロ長調 K595　161
ピアノ・ソナタ第16番ハ長調 K545　042
《フィガロの結婚》K492　132
モーツァルト、レオポルト｜Mozart, Leopold　130, 135, 171–172
モーツァルトの5度｜―ごど　096n
モルデント　177
木琴｜もっきん　157

や

ユニゾン　→unisono, unis.
弓｜ゆみ　163
様式｜ようしき　121, 122, 136, 143
予備｜よび　106, 107, 173n
予備音｜よびおん　106

索　引　213

ら

リコシェ → ricochet
リステッソ・テンポ → **L'istesso tempo**
リズム　034, 049, 050, 121, 125
リディア旋法｜—せんぽう　→第5旋法｜だいごせんぽう
略記法｜りゃっきほう　166–170
リュート　079, 121
臨時記号｜りんじきごう　023–025, 037, 052, 056, 059, 068, 081, 082, 083, 085, 089, 091, 092, 093, 115, 116, 119, 120, 177
隣接音｜りんせつおん　175, 178, 179

ルネサンス　103, 121, 122, 137

レガート　150
連鉤（連桁）｜れんこう　027, 035, 036, 051, 167
連続倚音｜れんぞくいおん　108
連続5度｜れんぞくごど　096n
連打｜れんだ　165
連符｜れんぷ　034–036

ロマ（ジプシー）音階｜—おんかい　→七音音階｜しちおんおんかい

わ

和音｜わおん　077–104, 105, 106, 111, 112, 117, 119, 154
和音構成音｜わおんこうせいおん　078, 087, 090, 092, 105, 106, 107, 109, 154
和音外音｜わおんがいおん　→非和声音｜ひわせいおん
和音数字｜わおんすうじ　077, 079, 082, 083, 089, 091, 116
和音づけ　079n
和音度数｜わおんどすう　077, 078, 116
和声｜わせい　095n, 098, 111, 115, 116, 117, 120, 173n

和声音｜わせいおん　106
和声語法｜わせいごほう　075
和声短音階｜わせいたんおんかい　061, 063, 064, 066n, 078
和声的音程｜わせいてきおんてい　052
和声的二重倚音｜わせいてきにじゅういおん　108
和声分析｜わせいぶんせき　116, 117, 119, 120
ワルツ　135, 136

欧文

a bocca chiusa｜ア・ボッカ・キウーサ　→ bocca chiusa
à bouche fermée｜ア・ブシュ・フェルメ　165
accelerando, accel.｜アッチェレランド　139
Adagio, adagio｜アダージョ　123, 125, 126–127, 128, 135
Adagio di molto｜アダージョ・ディ・モルト　131
Adagio mesto｜アダージョ・メスト　135
Adagissimo｜アダジッシモ　132
ad libitum｜アド・リビトゥム　148
a due, a 2｜ア・ドゥエ　166
Affettuoso, affettuoso｜アフェットゥオーソ　133, 147
Agitato, agitato｜アジタート　134, 149
alla breve｜アッラ・ブレーヴェ　→ ₵
alla marcia｜アッラ・マルチャ　149
Allant｜アラン　140
alla polacca｜アッラ・ポラッカ　149
allargando, allarg.｜アッラルガンド　139
alla turca｜アッラ・トゥルカ　149
alla zingara｜アッラ・ツィンガラ　149
alla zingarese｜アッラ・ツィンガレーゼ　149
Allegretto｜アレグレット　129, 132, 135
Allegretto grazioso｜アレグレット・グラツィオーソ　135
Allegro, allegro｜アレグロ　122, 124, 129, 130, 131, 135, 136, 140
Allegro agitato｜アレグロ・アジタート　135
Allegro assai｜アレグロ・アッサイ　131, 133

Allegro con brio ｜アレグロ・コン・ブリオ　133, 135
Allegro ma non tanto ｜アレグロ・マ・ノン・タント　131
Allegro ma non troppo ｜アレグロ・マ・ノン・トロッポ　131
Allegro moderato ｜アレグロ・モデラート　128, 135, 136
Allegro molto ｜アレグロ・モルト　133
Allegro vivace ｜アレグロ・ヴィヴァーチェ　130, 135
amabile ｜アマービレ　147
Amoroso, amoroso ｜アモローソ　133, 147
Andante ｜アンダンテ　125, 126, 127–128, 131, 132–133, 135, 140
Andante cantabile ｜アンダンテ・カンタービレ　135
Andante con moto ｜アンダンテ・コン・モート　135
Andante maestoso ｜アンダンテ・マエストーソ　135
Andante sostenuto ｜アンダンテ・ソステヌート　135
Andantino ｜アンダンティーノ　128, 129, 132
Animato, animato ｜アニマート　134, 140, 148
Animé ｜アニメ　140
appassionato ｜アパッショナート　149
a piacere ｜ア・ピアチェーレ　148
arcato ｜アルカート　163
arco ｜アルコ　163
arpeggiare ｜アルペッジアーレ　155
arpeggiando ｜アルペッジアンド　155
arpeggiato ｜アルペッジアート　155
arpeggio, arp. ｜アルペッジョ　155, 156
assai ｜アッサイ　131, 133, 141
assez ｜アセ　141
a tempo ｜ア・テンポ　139
attacca ｜アタッカ　158
au chevalet ｜オー・シュヴァレ　163
Auftakt ｜アウフタクト　→弱起｜じゃっき
avec discretion ｜アヴェク・ディスクレシオン　137

battuto ｜バットゥート　163
bedeckt ｜ベデックト　165
Bewegt ｜ベヴェークト　140
bis ｜ビス　039
bocca chiusa ｜ボッカ・キウーサ　165
bouché ｜ブシェ　165
bravura ｜ブラヴーラ　148
Breit ｜ブライト　140
brevis ｜ブレヴィス　→倍全音符｜ばいぜんおんぷ
brillante ｜ブリッランテ　148

C　040, 041n
₵ ｜アッラ・ブレーヴェ　040–041
calando ｜カランド　139
calmando ｜カルマンド　146
calmato ｜カルマート　146
Cantabile, cantabile ｜カンタービレ　134, 147
capriccioso ｜カプリッチョーソ　148
Coda ｜コーダ　→コーダ
col canto ｜コル・カント　166
colla mano ｜コッラ・マーノ　165
colla parte ｜コッラ・パルテ　166
coll'arco, c.a. ｜コッラルコ　163
colla voce ｜コラ・ヴォーチェ　166
col legno ｜コル・レーニョ　163
coll'8va ｜コロッターヴァ　170
comodo ｜コモド　148
con anima ｜コン・アニマ　148
con brio ｜コン・ブリオ　134, 148
con calore ｜コン・カローレ　149
con discrezione ｜コン・ディスクレツィオーネ　137
con dolcezza ｜コン・ドルチェッツァ　147
con dolore ｜コン・ドローレ　146
con energia ｜コン・エネルジーア　149
con espressione ｜コン・エスプレッシオーネ　147
con fuoco ｜コン・フオーコ　149
con grazia ｜コン・グラーツィア　147
con gusto ｜コン・グスト　147
con leggierezza ｜コン・レッジェレッツァ　148
Con moto, con moto ｜コン・モート　134, 148
con passione ｜コン・パッシオーネ　149
con pedale ｜コン・ペダーレ　162

con sentimento ｜ コン・センティメント　147
con sordino ｜ コン・ソルディーノ　158
con spirito ｜ コン・スピーリト　148
coperto ｜ コペルト　165
cresc., crescendo ｜ クレッシェンド　143, 144, 145

D ｜ ドミナント　→ ドミナント
Da Capo, D.C. ｜ ダ・カーポ　038, 039
Dal Segno, D.S. ｜ ダル・セーニョ　038, 039
deciso ｜ デチーソ　149
decresc., decrescendo ｜ デクレッシェンド　143, 144, 145
delicatamente ｜ デリカタメンテ　147
delicato ｜ デリカート　147
détaché ｜ デタシェ　162
di ｜ ディ　131
dim., diminuendo ｜ ディミヌエンド　143, 144, 145
di molto ｜ ディ・モルト　131
disperato ｜ ディスペラート　146
divisi, div. ｜ ディヴィジ　166
doch ｜ ドッホ　141
dolce ｜ ドルチェ　147
dolente ｜ ドレンテ　146
doloroso ｜ ドロローソ　146
Doppio movimento ｜ ドッピオ・モヴィメント　048, 138
due ｜ ドゥエ　→ a due, a 2
dynamics ｜ ダイナミクス　→ 音の強弱 ｜ おとーきょうじゃく
Dynamik ｜ デュナーミク　→ 音の強弱 ｜ おとーきょうじゃく

Eilend ｜ アイレント　140
Eilig ｜ アイリヒ　140
elegante ｜ エレガンテ　147
elegiaco ｜ エレジーアコ　146
energico ｜ エネルジコ　149
espressivo, espr. ｜ エスプレッシーヴォ　147
étouffé ｜ エトゥフェ　165
-etto ｜ ーエット　132
etwas ｜ エトヴァス　141

f, Forte, forte, f. ｜ フォルテ　122, 142, 143
feroce ｜ フェローチェ　149
$f\!f$ ｜ フォルティッシモ　143
$f\!f\!f$ ｜ フォルテ・フォルティッシモ、フォルティシッシモ　143
Fine ｜ フィーネ　038, 160
flageolet ｜ フラジョレ　163
Flatterzunge, Flatter., Flat. ｜ フラッターツンゲ　165
flautando ｜ フラウタンド　163
flautato ｜ フラウタート　163
flebile ｜ フレービレ　146
$f\!p$ ｜ フォルテ・ピアノ　143
$f\!z$ ｜ フォルツアンド、フォルツァート　144

Gai ｜ ゲ　140
Gaiement ｜ ゲマン　140
Gedehnt ｜ ゲデーント　140
Gehend ｜ ゲーエント　140
gentile ｜ ジェンティーレ　146
gestopft ｜ ゲシュトップフト　165
giocoso ｜ ジョコーソ　148
gioioso ｜ ジョイオーソ　148
glissando, gliss. ｜ グリッサンド　157
G.P., Generalpause ｜ ゲネラルパウゼ　166
grandioso ｜ グランディオーソ　148
Grave, grave ｜ グラーヴェ　124n, 125-126, 146
grazioso ｜ グラツィオーソ　134, 147

harmonics ｜ ハーモニクス　163

immer ｜ インマー　141
impetuoso ｜ インペトゥオーソ　149
in B ｜ イン・ベー　072, 073
in F ｜ イン・エフ　073
In tempo, in tempo ｜ イン・テンポ　137, 139
-ino ｜ ーイーノ　132

jeté ｜ ジュテ　163

lacrimoso ｜ ラクリモーソ　146
lagrimoso ｜ ラグリモーソ　146

lamentabile ｜ラメンタービレ 146
lamentoso ｜ラメントーソ 146
largando ｜ラルガンド 139
Largo, largo ｜ラルゴ 123, 125, 126, 127, 140
Langsam ｜ラングザム 140
Larghetto ｜ラルゲット 125, 126, 132
Lebhaft ｜レープハフト 140
legatissimo ｜レガーティッシモ 150
legato ｜レガート 150, 151, 162
legato staccato ｜レガート・スタッカート 153
leggiadro ｜レッジアードロ 147
leggieramente ｜レッジェーラメンテ 148
leggiero ｜レッジェーロ 148, 153
Lent ｜ラン 140
Lentement ｜ラントマン 140
Lento, lento ｜レント 123, 127, 140
laisser vibrer, L.V. ｜レセ・ヴィブレ 165
l.H., linke Hand ｜リンケ・ハント 162
L.H., left hand ｜レフト・ハンド 162
L'istesso tempo ｜リステッソ・テンポ 048, 138
loco ｜ローコ 169
Lourd ｜ルール 140
louré ｜ルレ 163
lusingando ｜ルジンガンド 147

ma ｜マ 131, 141
Maestoso, maestoso ｜マエストーソ 134, 148
main droite, m.d. ｜マン・ドロワト 162
main gauche, m.g. ｜マン・ゴーシュ 162
mais ｜メ 141
malinconico ｜マリンコーニコ 147
mano destra, m.d. ｜マーノ・デストラ 162
mano sinistra, m.s. ｜マーノ・シニストラ 162
marcato, marc. ｜マルカート 153
martelé ｜マルトレ 152, 162, 163
martellato ｜マルテッラート 151, 152, 162
marziale ｜マルツィアーレ 149
Mäßig ｜メーシヒ 140
meno ｜メノ 131, 132, 133, 141
Meno Allegro ｜メノ・アレグロ 131
Meno mosso, meno mosso ｜メノ・モッソ 134
messa di voce ｜メッサ・ディ・ヴォーチェ 145, 165

Mesto, mesto ｜メスト 134, 147
mezza voce ｜メッザ・ヴォーチェ 165
mezzo legato ｜メゾ・レガート 153
mezzo staccato ｜メゾ・スタッカート 153
mf ｜メゾ・フォルテ 143
misterioso ｜ミステリオーソ 146
Mit Eile ｜ミット・アイレ 140
Moderato, moderato ｜モデラート 128-129, 132, 133, 136, 140
Modéré ｜モデレ 140
moins ｜モワン 141
molto ｜モルト 131, 132, 133, 141
Molto Adagio ｜モルト・アダージョ 131
Molto Andante ｜モルト・アンダンテ 132
Molto Moderato ｜モルト・モデラート 133
morendo ｜モレンド 139
mormorando ｜モルモランド 147
Mosso, mosso ｜モッソ 134, 140, 148
mouvement ｜ムーヴマン 124n
movement ｜ムーヴメント →楽章
movimento ｜モヴィメント 124n
mp ｜メゾ・ピアノ 143
muta ｜ムータ 165

nicht ｜ニヒト 141
nobilmente ｜ノービルメンテ 147
non ｜ノン 141
non legato ｜ノン・レガート 153
non tanto ｜ノン・タント 131
non tremolo, non trem. ｜ノン・トレモロ 167
non troppo ｜ノン・トロッポ 131

p, Piano, piano, p. ｜ピアノ 142, 143
parlando ｜パルランド 147
parlante ｜パルランテ 147
parlato ｜パルラート 147
passionato ｜パッショナート 149
pastorale ｜パストラーレ 148
patetico ｜パテーティコ 147
perdendosi ｜ペルデンドーシ 139
Pesante, pesante ｜ペザンテ 134, 140
peu ｜プ 141

piacevole ｜ ピアチェーヴォレ　148
pietoso ｜ ピエトーソ　146
più ｜ ピウ　131, 132, 133, 141
Più Allegro ｜ ピウ・アレグロ　131
più mosso ｜ ピウ・モッソ　139
più tosto ｜ ピウ・トスト　139
pizzicato, pizz. ｜ ピッツィカート　163
placido ｜ プラーチド　146
plus ｜ プリュ　141
poco ｜ ポーコ　131, 132, 133, 141
Poco Adagio quasi Andante ｜ ポーコ・アダージョ・クアジ・アンダンテ　131
Poco Allegro ｜ ポーコ・アレグロ　131
pomposo ｜ ポンポーソ　148
portamento, port. ｜ ポルタメント　157
portato ｜ ポルタート　153, 163
posizione ordinario, pos. ord., P.O. ｜ ポジツィオーネ・オルディナリオ　163
possibile ｜ ポッシビレ　131, 141
pp ｜ ピアニッシモ　143
ppp ｜ ピアノ・ピアニッシモ、ピアニッシッシモ　143
Prestissimo ｜ プレスティッシモ　130, 132
Presto, presto ｜ プレスト　123, 129, 130
Presto possibile ｜ プレスト・ポッシビレ　131
prima volta ｜ プリマ・ヴォルタ　→1番かっこ ｜ いちばんー

quasi ｜ クアジ　131
quieto ｜ クイエート　146

rallentando, rall. ｜ ラレンタンド　139
rapidamente ｜ ラピダメンテ　149
rapido ｜ ラピド　149
Rasch ｜ ラッシュ　140
religioso ｜ レリジオーソ　146
rf ｜ リンフォルツァンド、リンフォルツァート　143, 144
r.H., rechte Hand ｜ レヒテ・ハント　162
R.H., right hand ｜ ライト・ハンド　162
ricochet ｜ リコシェ　153, 163
rin *f* ｜ リンフォルツァンド、リンフォルツァート　143, 144

rin *fz* ｜ リンフォルツァンド、リンフォルツァート　143, 144
ripieno ｜ リピエーノ　166
risoluto ｜ リゾルート　149
ritardando, ritard., rit. ｜ リタルダンド　124, 139
ritenuto, riten. ｜ リテヌート　139
roll ｜ ロール　165
rusticana ｜ ルスティカーナ　148
rustico ｜ ルスティーコ　148

S ｜ サブドミナント　→サブドミナント
saltando ｜ サルタンド　163
saltato ｜ サルタート　163
sautillé ｜ ソティエ　153, 163
Scherzando, schersando ｜ スケルツァンド　134, 148
schmetternd ｜ シュメッテルント　165
Schwer ｜ シュヴェール　140
seconda volta ｜ セコンダ・ヴォルタ　→2番かっこ ｜ にばんー
segue ｜ セグエ　158
sehr ｜ ゼーア　141
semplice ｜ センプリチェ　148
sempre ｜ センプレ　131, 141, 168
Sempre Presto ｜ センプレ・プレスト　131
senza pedale ｜ センツァ・ペダーレ　162
senza sordino ｜ センツァ・ソルディーノ　158
Senza tempo ｜ センツァ・テンポ　137
serioso ｜ セリオーソ　146
sf, *sfz* ｜ スフォルツァンド、スフォルツァート　144, 145
simile, sim. ｜ シーミレ　168
slargando ｜ ズラルガンド　139
smorzando ｜ ズモルツァンド　139
soave ｜ ソアーヴェ　147
solo ｜ ソロ　166
sospirando ｜ ソスピランド　147
sostenendo, sosten., sost. ｜ ソステネンド　146
Sostenuto, sostenuto, sosten., sost. ｜ ソステヌート　134, 139, 146, 153
sotto voce ｜ ソット・ヴォーチェ　146
Spiritoso, spiritoso ｜ スピリトーソ　134, 148

-ssimo ｜ ―シモ　132
staccatissimo ｜ スタカッティッシモ　151
staccato, stacc. ｜ スタッカート　151, 163
stile antico ｜ スティレ・アンティコ　→古様式 ｜ こようしき
stringendo, string. ｜ ストリンジェンド　139
subito f, sub. f ｜ スービト・フォルテ　143
subito p, sub. p ｜ スービト・ピアノ　143
sul ― ｜ スル・―　163
sulla tastiera ｜ スッラ・タスティエーラ　163
sul ponticello, sul pont. ｜ スル・ポンティチェッロ　163
sul tasto ｜ スル・タスト　163
sur la touche ｜ シュル・ラ・トゥシュ　163

T ｜ トニック　→トニック
tacet ｜ タチェット　166
tarde ｜ タルデ　123n
tardo ｜ タルド　123n
Tempo di Gavotto ｜ テンポ・ディ・ガヴォット　136
Tempo di Marcia ｜ テンポ・ディ・マルチャ　136
Tempo di Menuetto ｜ テンポ・ディ・メヌエット　→ **Tempo di Minuetto**
Tempo di Minuetto ｜ テンポ・ディ・ミヌエット　131, 136
Tempo di Valse ｜ テンポ・ディ・ヴァルス　136
Tempo giusto ｜ テンポ・ジュスト　123, 135–136, 137　→標準テンポ ｜ ひょうじゅん―
Tempo primo, Tempo I°, Tempo I ｜ テンポ・プリモ　138
Tempo rubato ｜ テンポ・ルバート　136, 137
teneramente ｜ テネラメンテ　147
tenuto, ten. ｜ テヌート　153　→テヌート
tiré, tirer, tirez ｜ ティレ　162
tr, t ｜ トリル　175
Tranquillo, tranquillo ｜ トランクイッロ　134, 146
tratto ｜ トラット　163
tre corde ｜ トレ・コルデ　162
tremolo, trem. ｜ トレモロ　158　→トレモロ
très ｜ トレ　141

trop ｜ トロ　141
troppo ｜ トロッポ　141
tutte le corde ｜ トゥッテ・レ・コルデ　162
tutti ｜ トゥッティ　166

una corda, u.c. ｜ ウナ・コルダ　162
unisono, unis. ｜ ウニーソノ　166
un peu ｜ アン・プ　141
un poco ｜ ウン・ポーコ　131, 141
Un poco Allegro ｜ ウン・ポーコ・アレグロ　131

vacillando ｜ ヴァチッランド　147
Veloce, veloce ｜ ヴェローチェ　134, 149
vigoroso ｜ ヴィゴローソ　149
Vite ｜ ヴィト　141
Vitement ｜ ヴィトマン　141
Vivace, vivace ｜ ヴィヴァーチェ　130, 140, 148
Vivo, vivo ｜ ヴィーヴォ　134, 148
Volante, volante ｜ ヴォランテ　134, 149

wenig ｜ ヴェーニヒ　141
weniger ｜ ヴェーニガー　141
wie möglich ｜ ヴィー・メークリヒ　141
Wirbel ｜ ヴィルベル　165

ziemlich ｜ ツィームリヒ　141
zu ｜ ツー　141

数字

1番かっこ ｜ いちばん―　38
1度 ｜ いちど　052, 054
Ⅰ度調 ｜ いちどちょう　066n
Ⅰ度和音 ｜ いちどわおん　078, 079, 085n, 089, 097, 098n, 099, 100, 103, 113, 114, 120
1拍子 ｜ いちびょうし　046

2番かっこ ｜ にばん―　038
2度 ｜ にど　052, 053, 054
Ⅱ度調 ｜ にどちょう　065, 066n

Ⅱ度和音｜にどわおん　078, 079, 084, 086, 100, 113, 114
2拍子｜にびょうし　042, 044, 045, 046
2分音符｜にぶ（ぶん）おんぷ　027, 028, 036, 040, 041n, 050
2分休符｜にぶ（ぶん）きゅうふ　032, 033
2分の4拍子｜にぶんのしびょうし　041n
2分の2拍子｜にぶんのにびょうし　040, 041n　→ ¢
2連符｜にれんぷ　035

3度｜さんど　052, 053, 054
Ⅲ度調｜さんどちょう　065, 066
3度のクレ｜さんどー　173n
Ⅲ度和音｜さんどわおん　078, 079
3拍子｜さんびょうし　042, 044, 045, 046
3連符｜さんれんぷ　034, 036

4度｜しど　052, 055
Ⅳ度調｜しどちょう　065, 066
Ⅳ度和音｜しどわおん　078, 079, 096, 100, 101, 104, 114, 117n, 120
4拍子｜しびょうし　042, 045
4分音符｜しぶ（ぶん）おんぷ　027, 028, 034, 035, 036, 040, 041n, 050
4分休符｜しぶ（ぶん）きゅうふ　032, 051
4分の3拍子｜しぶんのさんびょうし　050
4分の4拍子｜しぶんのしびょうし　040, 041n, 051　→ ¢
4連符｜しれんぷ　035
6/4の和音｜しろくーわおん　081, 097, 098n, 113n

5度｜ごど　052, 055
Ⅴ度調｜ごどちょう　065, 066
Ⅴ度和音｜ごどわおん　078, 079, 098, 099, 101, 104, 114
5の和音｜ごーわおん　→三和音｜さんわおん
5拍子｜ごびょうし　044
5連符｜ごれんぷ　035

6度｜ろくど　052, 054
Ⅵ度調｜ろくどちょう　065, 066

Ⅵ度和音｜ろくどわおん　078, 079, 101
6の和音｜ろくーわおん　081, 095
6拍子｜ろくびょうし　043
6連符｜ろくれんぷ　036

7度｜しちど　052, 055
Ⅶ度調｜しちどちょう　066
Ⅶ度和音｜しちどわおん　078, 079, 084, 085
7の和音｜しちーわおん　→四和音｜しわおん
7拍子｜しちびょうし　045
7連符｜しちれんぷ　035

8度｜はちど　052, 053, 055
8拍子｜はちびょうし　045
8分音符｜はちぶ（ぶん）おんぷ　027, 028, 034, 036, 040
8分休符｜はちぶ（ぶん）きゅうふ　032
8分の4拍子｜はちぶんのしびょうし　051
8分の6拍子｜はちぶんのろくびょうし　050
8分の12拍子｜はちぶんのじゅうにびょうし　050
8va, 8｜オッターヴァ　→オクターヴ記号
8va alta｜オッターヴァ・アルタ　169
8va bassa｜オッターヴァ・バッサ　169

9度｜くど　053
9の和音｜くーわおん　→五和音｜ごわおん
9拍子｜くびょうし　043, 044, 045
9連符｜くれんぷ　036

10連符｜じゅうれんぷ　036

12拍子｜じゅうにびょうし　043, 044

16分音符｜じゅうろくぶ（ぶん）おんぷ　028, 035
16分休符｜じゅうろくぶ（ぶん）きゅうふ　032

32分音符｜さんじゅうにぶ（ぶん）おんぷ　028, 036
32分休符｜さんじゅうにぶ（ぶん）きゅうふ　032

64分音符｜ろくじゅうしぶ（ぶん）おんぷ　028

128分音符 | ひゃくにじゅうはちぶ（ぶん）おんぷ
028, 029

256分音符 | にひゃくごじゅうろくぶ（ぶん）おんぷ
028

監修者・著者紹介

小鍛冶邦隆（こかじ・くにたか）

東京藝術大学名誉教授
東京藝術大学大学院をへて、パリ国立高等音楽院作曲科、ピアノ伴奏科、およびウィーン国立音楽大学指揮科に学ぶ
クセナキス作曲コンクール（パリ）第1位
著書に『作曲の技法』（音楽之友社）、『作曲の思想』（アルテスパブリッシング）、訳書に『ケルビーニ 対位法とフーガ講座』（アルテスパブリッシング）など

大角欣矢（おおすみ・きんや）

東京藝術大学音楽学部楽理科教授
東京藝術大学音楽学部楽理科卒業、同大学院修士課程修了、同博士課程単位取得退学
専門は西洋音楽史。とくに16–18世紀ドイツの宗教音楽に重点をおいて研究

照屋正樹（てるや・まさき）

東京藝術大学名誉教授
東京藝術大学音楽学部作曲科卒業、同大学大学院修了
第47回日本音楽コンクール作曲部門入選
洗足学園前田奨学金を得てパリに留学（フォルマシオン・ミュジカル、ピアノ、楽曲分析を研究）

林 達也（はやし・たつや）

東京藝術大学音楽学部作曲科教授
フランス政府給費留学生として渡仏
パリ国立高等音楽院、パリ・エコール・ノルマル音楽院およびルエイユ・マルメゾン音楽院などで研鑽を積む
卒業後はピアニストとして数多くの演奏会に出演
著書に『新しい和声』（アルテスパブリッシング）、『バッハ様式によるコラール技法』（共著、音楽之友社）など

平川加恵（ひらかわ・かえ）

東京藝術大学音楽学部附属音楽高等学校教諭
東京藝術大学音楽学部作曲科卒業、同大学大学院修士課程修了
第81回日本音楽コンクール作曲部門第1位、岩谷賞（聴衆賞）、明治安田賞受賞。
第29回現音作曲新人賞において富樫賞、聴衆賞受賞

楽典
音楽の基礎から和声へ

2019年4月20日　初版第1刷発行
2025年1月15日　初版第5刷発行

監修・著者…小鍛治邦隆
　　　　　　© Kunitaka KOKAJI 2019

著者…………大角欣矢・照屋正樹・林達也・平川加恵
　　　　　　© Kinya OSUMI, Masaki TERUYA,
　　　　　　 Tatsuya HAYASHI and Kae HIRAKAWA 2019

発行者………鈴木　茂・木村　元

発行所………株式会社アルテスパブリッシング
　　　　　　〒155-0032　東京都世田谷区代沢5-16-23-303
　　　　　　TEL 03-6805-2886 | FAX 03-3411-7927
　　　　　　info@artespublishing.com

印刷・製本…シナノ書籍印刷株式会社

組版・浄書…株式会社スタイルノート

装丁…………桂川　潤

ISBN978-4-86559-197-2 C1073　Printed in Japan

artespublishing.com

アルテスパブリッシング

ページをめくれば、音楽。

新しい和声　理論と聴感覚の統合　　　　　　　　　　　　　　　　林 達也

和声教育の新時代を拓く国際水準の教本が誕生！　初歩の学習から作曲の専門的な課程までを1冊に。西欧の伝統的な数字付き低音に立ち戻り、美しい音響を聴き取るための聴覚的訓練と歴史的な理論の統合をめざした、和声教本の決定版。東京藝術大学音楽学部（全専攻科）および同大学附属音楽高等学校の教科書に採用。
B5判・並製（ビニール装）・400頁／定価：本体3800円＋税／ISBN978-4-86559-120-0　C1073　装丁：桂川 潤

ケルビーニ 対位法とフーガ講座　　　　ルイージ・ケルビーニ[著]／小鍛冶邦隆[訳]

パリ音楽院、英国王立音楽院で採用され、ヨーロッパ各国で数多くの音楽家が学んだ19世紀の大ベストセラー教科書、待望の邦訳。シューマンやショパンが研究し、ドビュッシーやラヴェルが学生時代に使用した「大作曲家のバイブル」。歴史的文献であるというだけでなく、現代の学習者にとっても「使える」テキスト。
B5判・並製・272頁／定価：本体3500円＋税／ISBN978-4-903951-64-5　C1073　装丁：下川雅敏

バッハ「平均律」解読Ⅰ　《平均律クラヴィーア曲集 第1巻》全24曲　　小鍛冶邦隆

ドイツ・バロック音楽の総決算にして、バッハのキャリア前半の「白書」ともいえる傑作を、各曲ごとの解説と2色刷り楽譜で読み解く。現代の作曲家によるピアノ演奏実践への手引きにとどまらず、バッハの革新性と作品に秘められた〈音楽の知〉を可視化する刺激的なバッハ論としても読むことができる。　装丁：福田和雄
A5判・並製・232頁（楽譜ページ2色刷）／定価：本体3500円＋税／ISBN978-4-86559-287-0　C1073

バッハ「平均律」解読Ⅱ　《平均律クラヴィーア曲集 第2巻》全24曲　　小鍛冶邦隆

調性の彼方にバッハが聴き取った音響とは──。各曲ごとの解説と2色刷り楽譜で、創作の過程をひもとき、演奏・分析・聴取を一新。ウェーベルン、ブーレーズ、クセナキスらヨーロッパ現代音楽の作曲思想にも通じるバッハの革新性を明らかにし、精緻に構造化された〈音楽の知の迷宮〉にせまる！　装丁：福田和雄
A5判・並製・276頁（楽譜ページ2色刷）／定価：本体3800円＋税／ISBN978-4-86559-304-4　C1073

作曲の思想　音楽・知のメモリア　　　　　　　　　　　　　　　　小鍛冶邦隆

「作曲」という行為をとおして作曲家たちが営々と受け継いできた「知の記憶（メモリア）」とは──。バッハからメシアンまで、クラシックの名曲に秘められた知の系譜が露わにされ、西洋音楽を制度として移入した日本において、作曲家たちは何と苦闘したのかが跡づけられる。音楽学者・沼野雄司氏との対談を収録。
四六判・並製・180頁／定価：本体2200円＋税／ISBN978-4-903951-36-2　C1073　装丁：菊池周二

ドビュッシー ピアノ全作品演奏ハンドブック　　　　　　　　　　　中井正子

《アラベスク第1番》《月の光》をもっと美しく、《ゴリウォーグのケークウォーク》を楽しく弾くために──。ドビュッシーのピアノ曲全曲CDや校訂楽譜シリーズ、全曲演奏会で知られるピアニストが、独奏曲全77曲の演奏法と解釈を、譜例を多用いてやさしく解説。演奏に役立つヒント満載！　　装画：安田みつえ
A5判・並製・288頁／定価：本体2500円＋税／ISBN978-4-86559-114-9　C1073　装丁：白畠かおり

新装版 音楽用語の基礎知識　これから学ぶ人のための最重要キーワード100　久保田慶一[編著]

大好評ロングセラー『音楽用語の基礎知識』が新装版として再登場！　学ぶ人、教える人、聴く人、演奏する人へ、豊富な譜例と図版でわかりやすく解説。クラシック、ポピュラー、民族音楽、日本音楽まで全ジャンルをカヴァー。さまざまな知識が問われる教員採用試験の参考書としても最適。　　　　装丁：福田和雄
A5判・並製（ビニールカバー装）・296頁／定価：本体2400円＋税／ISBN978-4-86559-298-6　C1073

和声を理解する　バス音からの分析　　　　　　　山本裕之[執筆責任]／近藤 譲[監修]

海外で一般的な和音記号を使用し、和声のさまざまな規則を教えるだけでなく、古今の名曲において諸規則がどう適用されているかを解説。従来の教本では困難な「独習」も可能に。国際的に活躍する作曲家が共同執筆し、愛知県立芸術大学、お茶の水女子大学での3年間の使用をへて満を持しての一般発売！
B5判・並製（ビニール装）・304頁／定価：本体3800円＋税／ISBN978-4-86559-271-9　C1073　装丁：中島 浩